CW01668455

# 日本は誰のものか

佐高信

講談社

# 日本は誰のものか　目次

## PART1　日本を撃つ

## PART2　会社大国を斬る

## PART3　現代日本白書

# PART1　日本を撃つ

## 〝身内資本主義〟を実践した青井忠雄の「罪」

### 「企業世襲税」をかけるべき同族経営

〝後難〟を恐れて、経営者はもらいたがらないといわれる『経済界』（主幹・佐藤正忠のいかがわしさについては、前著『日本に異議あり』でも詳述した）大賞の「青年経営者賞」とやらを、富士急行社長の堀内光一郎が受けた。89年秋に社長になった堀内はまだ31歳。4代目社長の堀内に、やはり世襲の丸井社長青井忠雄が「わが事のように嬉しく心よりお祝い申しあげます」と、次のような声援を送っている。

「光一郎社長は、私の敬愛するご父君光雄氏（現会長）より4歳も早く、上場企業初の20代社長の誕生ということで、一昨年新鮮な話題を呼びました。（中略）今後の活躍を大いに期待しております」（『経済界』92年1月7日号）。

いまは落選しているが、自民党代議士の堀内光雄が光一郎を社長にした時、私はそのあざとさに驚き、富士急行ならぬ〝堀内急行〟には「企業世襲税」をかけろ、と毒づいた。

また、91年夏に、30歳になったばかりの長男を、青井忠雄が丸井ならぬ〝青井商店〟の取締役にしたが、

「同族経営が悪いわけではない。要は社長にふさわしい実力があるかどうか。同族だととかく過保護になりがちなのが問題なのだ」

と居直った時には、拙著『日本を開く』（ほんの木刊）所収のコラムで、

「『社長にふさわしい実力があるかどうか』を厚かましくも親が判断するというわけだろう。それは、自分が書いた答案を自分で採点するようなものではないか。『同族経営が悪いわけではない』というセリフは、私には、どうしても『カンニングが悪いわけではない』と聞こえる」と批判した。

その青井が堀内光一郎を礼讃している。同じように息子を後継社長にしたいからだろう。

上場企業のある社長が、

「株式を公開し、それによって創業者利潤を得た時点で、創業者一族とその企業は切れなければならない」

といっていたが、その通りではないか。それがイヤなら、株式を公開せずに〝家業〟のままにしておくことだ。

こうした封建的な身内資本主義の風土が、子どもが何かやると、すぐ親を引き出して責める風潮を生む。

松尾和子や三ツ矢歌子は、どうして成人した息子の問題で、謝罪しなければならないのか。たしかに彼女らは息子を甘やかして育てたかもしれないが、息子たちに未成年ではないので

ある。

清水一行に、三菱重工社長の牧田与一郎をモデルにした『燃え尽きる』（角川文庫）という小説がある。

ガンに倒れ、現役社長のまま壮絶な死をとげた牧田は、また、過激派の学生運動に走った四男をもつ父親だった。その四男の吉明は、軍需生産反対を叫んで丸の内の重工ビルへ押しかけたこともあったのだが、その後、家を出てフーテンとなり、さまざまな曲折を経て、家にもどった。

そんな吉明に、牧田は迷い悩み、その思想を理解しようとして、ラディカルな革命書を読んだりもする。

しかし、それによって自分の役割に疑問をもち、三菱重工社長としての立場を変えることはなかったのだが、同じように頑（かたく）なに自分の立場を守ることによって、世間の〝常識〟に反逆することになった父親を、円地文子は『食卓のない家』（新潮文庫）で描いた。

この小説は連合赤軍事件の吉野雅邦の父親をモデルにしたと思われるが、「六浦電機」の研究所に勤めるこの父親「鬼童子信之」は、家族まで責める世間に対して、

「乙彦が憎いとか可愛いとかいう問題じゃなく、息子の行動によって親が責任をとるべきだという日本の社会の通念に私自身反発せずにはいられなかったのですよ」

といい切り、職を辞めることもなく、謝罪も拒否した。そんな父親を獄中の息子も立派だと

思うのだが、これを読んでいると、この父親のほうが〝革命〟をしているようにも思えてくる。

事実がこの通りだったかは知らない。しかし、親と子はもっともっと分けて考えるべきではないか。あまりにも一体として考えるから、子の自立も遅れるのだろう。

## 家父長的発想は独立精神を阻む

こうした密着した親子関係を、日本人は国と国との関係にまで及ぼす。いわゆる家父長的発想を戦前から引きずっているのである。

インドをイギリスから独立させようとしていたチャンドラ・ボースに対し、大日本帝国総理大臣の東条英機は、連絡用の専用輸送機の提供を申し出たことがある。

ボースは、これに感謝しつつ、しかし、国と国との取引だから、日本政府の帳簿に、この専用機の売却料金を自由インド仮政府への貸金として記帳しておいて下さい、といった。

深田祐介の『黎明の世紀――大東亜会議とその主役たち』（文藝春秋）によれば、東条はこれを、ボースの「遠慮」と理解し、

「帝国（日本）は代償は一切之（これ）を求めず。印度が本来の姿に帰ることこそ、我々に対する代償といえば代償なり。

親が子の成長を見ることが幸福にて、子が親に貢ぐことを幸福と考えるにあらず。帝国と印度の関係は正に之と同様なり」

といって、黙って受け取るよう促したという。しかし、ボースはおちついて、こう返す。

「日本の高潔なる精神とご好意はよく判る。閣下のお気持もよく判るが、私の趣旨は兄弟間においても、判然とお預かり致したものは、判然とお返しをすることが対敵宣伝上必要であり、然らざれば敵は必らず仮政府を目して、日本の傀儡(かいらい)政権と申すならん」

頼んだわけでもないのに、親を気取って「高潔なる精神とご好意」を押しつけてくる日本に対し、ボースは「判然と」独立の精神を示している。

関係を対等のヨコのものとしてでなく、上下のタテのものとしてしか考えられない日本人の体質をどう転換していくか。これは92年の大いなる課題である。

(『週刊現代』92・1・4、11合併号)

# バブル新聞『日経』に期待する「再建」

## 本音は弱音、建て前は通すべき

91年8月21日付の『毎日新聞』夕刊コラム「憂楽帳」欄には「評論家の嗅覚」と題して、こう書かれている。

〈過日、経済評論家の佐高信さんと会った。刊行されたばかりの話題の本『ザ・ハウス・オブ・ノムラ』（アル・アレッハウザー著、佐高信監訳）を持参してくれた。

刊行までには、さまざまな〝妨害〟があったと聞いていたが、結果的には一連の証券スキャンダルにタイミングを合わせた形となった。

常々、彼には「正邪」をかぎわける独得のセンサーがついているのでは、と感じていた。「虚実」といい換えてもいい。

3年前のリクルート事件発覚時にも、彼はテレビ、講演などで大忙しだった。江副浩正前会長のリクルート商法に〝あやうさ〟を感じ、批判を続けていたからだ。当時の江副氏はニュービジネスの旗手として、華々しく活躍していた。

彼の批判に耳を貸す人は少なかった。それでもセンサーは鋭敏に感応していた。

「就職情報誌でありながら、企業内容のチェックという基本が忘れられている。こういう会社はあぶない」

住友銀行の磯田一郎前会長への批判も激しかった。佐高さんは「老害」、「世襲」経営批判とともに「ワンマン」と呼ばれるトップにも厳しい目を向けてきた。磯田氏もまた住銀・イトマン事件で失脚した。

彼のセンサーにかかったトップや企業は、注意が肝要だ〉

気恥ずかしさをこらえて、岸井成格論説委員の手になるこの一文を引いたのは、私の「センサー」を自慢したいがためではない。

91年12月19日の「住銀・イトマン事件」の公判で、イトマンの河村良彦前社長や伊藤寿永光前常務らが『日本経済新聞』の「社内協力者」に1000万円を渡していたことが発覚し、私の『日経』批判が当たっていたことが証明されたからである。

私は『現代』の91年の7月号で同紙を「株式会社日本の社内報」と批判して以来、同紙からはパージされてきた。

われわれフリーのもの書きが、発表の場を失うことは辛い。しかし、敢えて私は『日経』の体質を批判してきたのだが、今度の「事件」は私の批判を裏づけてしまった。

同紙では広報担当部長が「編集への影響はないと信じている」と語ったが、その発言を聞いて私は、『暮しの手帖』を始めた花森安治が、

「ものをもらっておいて、そのものを、いいとかわるいとか批評できる自信が私たちにはない」といったのを思い出した。

花森は『暮しの手帖』で「商品テスト」を行い、メーカーの名前を挙げて商品の「いい、わるい」をはっきりと書いた。それは、消費者のためというより、メーカーにいい商品を作ってもらうためだった。

その際、メーカーの取材には必ず編集部員を二人で行かせた。取材の間違いを防ぐことと、情にほだされたり力に押されるのを防ぐためだった。昼食時間にぶつかるとわかっている時は、上等な弁当を持って行かせ、お茶だけをもらったという。

外からの広告を一切載せず、多くの読者を獲得した『暮しの手帖』について、ある人は「なんでもすぐまねをしたがるマスコミ界で、それをまねたものはいない」と書いている。

「建て前と本音というが、建て前は通すべきである。本音とは弱音のことだ」と喝破した花森の言葉を、『日経』をはじめとした日本のマスコミにそのまま実践せよとはいわない。それはしょせん、ないものねだりに終わるだろうからだ。

## ダーティ企業に〝甘い〟広告審査

しかし、1000万円が「社内協力者」に支払われた直後の90年11月10日付の『日経』に、イトマン前常務の伊藤寿永光が社長を務めていた「瑞浪ウイングゴルフクラブ」の全面広告が載っているというのは、あまりにひどい。しかも、その2日後には伊藤の事業と関係が深いといわれる京都の中小工務店の全面広告も載っている。

12月23日付の『日刊ゲンダイ』によれば、事情通は、

「当時、日経は9月16日にイトマンの不動産融資問題を大々的に取り上げるなど、他社に先行して精力的に報じていました。そこで伊藤側は報道を抑えようと、1000万円を使い日経対策を図ったのでしょう。そんな時期に問題の広告が出たわけです。これも日経対策の一環じゃないか、といわれたものです」

と語り、これについて『日経』の社長室は、

「確かに2社の広告が載っています。この2社を載せたのは初めてで、料金はゴルフ場が約1500万円、工務店が約1800万円(カラー)で、ともに正価での契約でした。審査については、初めての会社ということで厳密にやり、問題なかったということです。編集への影響なんてあるはずがありません。とはいえ、途中の調べが足りなかったと指摘されても致し方ありませんが……」

と弁明している。「審査は厳密にやり、問題なかったのだが……」という文句は、不正融資が発覚した銀行がよく使った。『日経』の広告審査はスキャンダル銀行並みということだろう。

12月19日の公判における冒頭陳述は河村良彦が『経済界』主幹の佐藤正忠に依頼してイトマンの「ちょうちん記事」を書かせ、2億円支払ったことも明らかにしたが、このダーティな雑

誌の広告を最初に載せたのも『日経』だった。

日本経済がバブル漬けになったとすれば、その〝機関紙〟である『日経』はその影響をもろに受けた。いわば、『日本バブル新聞』になってしまったのである。

その再建のためには、肥大の過程で失ったジャーナリズムの根幹にたちかえるしかないだろう。

（『週刊現代』92・1・18号）

# 自覚なきスキャンダル銀行の証券進出

奇っ怪な議論が横行している。マイナスにマイナスを加えるとプラスになるかのような議論である。

## 蠟山昌一センセイの銀行認識

野村総合研究所理事長の徳田博美、日本興業銀行常務の西村正雄、日立製作所常勤監査役の宮内康夫、富士銀行常務の山本恵朗（肩書は発足時）など、証券スキャンダルや銀行スキャンダルの主役をつとめた企業や関連シンクタンクのトップがズラリと顔をそろえた蔵相の諮問機関の証券取引審議会基本問題研究会が91年6月に報告書を出し、銀行と証券の「自由な相互参入」に向かって議論が進んでいるのである。基本問題研究会の座長は大阪大学教授の蠟山昌一。証券スキャンダルが発覚したのは報告書が出た後だが、蠟山は『日経金融新聞』の91年11月29日付のインタビューで、それについて問われ、

「補てんの仕組みなどからみて、不祥事は流通市場で起きていた。こんなにひどいとは思わなかったというのが実感で、新規参入をどの分野に限るということではなく、原則はどの分野でも認めるというのが取るべき方向」

と答えている。

また、別のインタビューでは、証券業、証券市場は銀行業、銀行市場に比べると子供であり、子供である証券会社が長期的な関係を重視して取引先を抱え込むという銀行の取引をまねたのが証券スキャンダルの原因、と語っているが、蠟山センセイの目や耳には銀行スキャンダルの情報は何も入らなかったのか。

私は、銀行も証券も同じく、過保護の大蔵省の監督下で不良化した子供に見える。マイナスの度合いに差はあれ、ともにマイナスであることにはかわりがないのである。

そのマイナスの銀行を証券業に進出させて、事態はよくなるのか。おそらく、このセンセイは、今度は銀行について、「こんなにひどいとは思わなかった」という「実感」をもらすことになるだろう。

飯干晃一の『暴力団の兵士たち』(光文社文庫)を読んでいて、思わずニヤリとする個所があった。

賭場に来てカネを借りようとする暴力団員に、盆を開いていた暴力団員がこういうのである。

「誰が信用のないもんにカネを貸すか、そんなことは銀行といっしょじゃ。銀行が不見転(みずてん)にどこの馬の骨かわからん者にカネを貸すか」

いわれたほうが、

「どこの馬の骨かわからん?　それはわしらのことかい」

と怒声をあげると、盆屋は、

「わかりやすいように、銀行の話をしたったんじゃ。おまえ、銀行から融資を受けたことはないんかい。この貸し出しの審査にかけては、盆屋も銀行も同じことじゃ」

と突き放して、いさかいが始まる。

これを、次々と〝不祥事〟が明るみに出た銀行のトップや行員がどう読むのかは知らないが、皮肉にいえば、蠟山センセイの銀行認識はこの盆屋の銀行認識と同じである。

銀行と証券はどっちもどっちであり、銀行を証券業に参入させることによって問題は解決しない。むしろ、マイナスの度合いが深まるだけだろう。

銀行について一番驚いたのは、スキャンダル発覚後に出した各銀行の昨年の内容公開用冊子（ディスクロージャー）が、まったくスキャンダルについて触れていないことである。

たとえば住友銀行のそれは、平成2年の巻頭の写真が会長の磯田一郎と頭取の巽外夫が並んでいたのに、平成3年の写真は巽だけになったのが「大きな変化」で、スキャンダルのスの字もない。そして、変わらず、次のように「事業精神」を謳っているのである。

〈当行は明治28年の創業以来、常に「事業は社会の公器」という見地に立って、銀行の担う社会的使命を全うすることに最大限の努力を払ってきております。この九十有余年にわたる事業展開の歴史の中に一貫して流れているのは「信用を重んじ堅実を旨とし、進取を尊ぶ」という伝統的な事業精神であります〉

「バカにするな」といいたくなるだろう。こんなお飾りコトバにだまされるのは蠟山センセイぐらいである。

## NY上場を「資格条件」とせよ

富士銀行や日本興業銀行も同じ。富士は、お客様の信頼に応え、積極的に社会的責任を遂行していくために「先進のベストバンク」をめざすのだというし、興銀は「お客さまとともに、社会とともに歩む、事業金融を軸とした、個性的な銀行」を基本目標として掲げたのだという。ゴタクはいくらでも並べたらいい。興銀の場合、つい先ごろまで「有力なお客さま」だった大阪の料亭の女将、尾上縫にわざわざ会いに行った黒澤洋がそのまま頭取の座に居すわって、生まれかわるなどといえるのか。

私にいわせれば、スキャンダル銀行はまったく反省していない。その罪の自覚のない銀行を証券業に参入させたら腐敗の度は増すばかりである。

証券取引委員会（SEC）の監視のきびしいニューヨーク証券取引所に上場しているのは日本でわずか9社であり、銀行、証券関係では、三菱銀行だけである。異常なまでに横並びの好きな日本の銀行がこれだけはマネしていない。もし、どうしても証券業に銀行を進出させたいのなら、三菱銀行のようにニューヨーク証券取引所への上場を「資格条件」としてはどうか。

だいたい、アメリカがグラス・スティーガル法によって銀行の証券業務を禁止したのは、1

929年の大恐慌の後に銀行の倒産が続出し、その大きな原因が銀行が子会社などを通じて証券業務を行っていることにあると見たからだった。銀行がバクチに走れば、その危険は証券の比ではない。それは〝不祥事〟が証明している。

91年6月に出た金融制度調査会の答申もグラス・スティーガル法に触れ、アメリカでは「銀行・証券分離制度の見直し」が始まっているとしているが、まさに「銀行経営の健全性を確保し、金融機関に対する国民の信頼を回復するために」分離して改革すべきだろう。

（『週刊現代』92・1・25号）

# 大物総会屋に成り下がった〝破廉恥〟政治家

## 阿部文男逮捕は「氷山の一角」

1982年10月1日から、総会屋追放のための改正商法が施行された時、作家で株式評論家の安田二郎は、

「これからは政治家が総会屋のかわりをするな」

といった。

つまりは、政治家が総会屋になるということである。

元北海道・沖縄開発庁長官の阿部文男逮捕の報に接して最初に思ったのは安田の予言が当たったな、ということだ。

企業が総会屋を必要とする状況はなくなっていない。その証拠に改正商法施行後も、総会屋にカネを渡したとして総務部長が逮捕される例が、しばしばマスコミを賑わせている。

いちおう、改正商法によって総会屋は少なくなったのだが、そのかわりになかなか捕まえにくい〝大物総会屋〟として政治家が登場したということだろう。

実際に旧日本レイミョンの総務部長を通算6年やった作家の小高根二郎は、「会社という営利機

構が排泄する糞尿みたいな」総務部の最も〝重要な〟仕事は総会屋対策だと述懐していた。

腐りやすい汚物があるところからハエが発生するように、総会屋は、汚職や内紛といった企業の腐蝕部分から発生し、また、それらを食って成長する。株主総会で騒がれたくない経営者は、何とかうまくやるよう総務部長に命じ、その意を受けて総務部長は総会屋を懐柔しようとするのである。

阿部文男は「共和さんは立派な会社」で「日本一の鉄骨メーカーだ」と持ち上げていたが、その共和がゴルフ場やレジャー施設の開発に乗り出し、資金繰りに追われて、丸紅がからんだ架空取引でつまずいた。

その後始末の口利き役として阿部が奔走する。これはまさに便利屋も兼ねる総会屋の役まわりである。

91年夏、選対出納責任者に共和から社員を派遣してもらっていたことが明らかになるや、阿部は共和倒産後ということもあって掌を返したように、

「選挙支援は共和が独自にやった。共和からリゾートがらみの陳情はまったくなかった。これから（陳情が）あるかな、と思っていたが、その前に倒産してしまった」

と共和を突き放した。

まさに「カネの切れ目は縁の切れ目」で、逆にカネのためには何でもするということだろう。その点も、政治家は総会屋と酷似してきた。

小高根は自らの体験を小説化した『総務部長憤死す』（徳間文庫）で、自分の会った有力総会屋を次のように活写している。

たとえば、「M翁」は、酒杯を傾けながら、何度でも聞かされた手柄話の静聴を強いた。それは、どうしてもつぶさなければならない株主総会に、手下と共に乗り込んで、社長が開会を宣した途端、セロハン袋に詰めた糞尿を壇上に投げつけ、フンプンたる臭気の中で即時閉会にしたという話である。

あるいは、自称剣道4段、柔道3段、空手3段のEは「縦も横も同じ丸っこい小柄な体軀に、鼻下に八ノ字ヒゲをたくわえている童顔」で、各種の選挙に立候補し、胸にピンクの大バラを飾ってモーニング姿で総会場へ乗り込む。

そして議案に反対の時には、演壇に跳び上がって、議長の袖口をつかみ、

「嫌や、嫌や、お爺ちゃん！　ワテ嫌や」

などと道化たという。

Eは何度も選挙に出ていたのだから総会屋と政治家は昔から同類だったのかもしれないが、こうした総会屋と、女優とのペアウォッチを要求した阿部の姿はオーバーラップするだろう。

1月14日付の『北海道新聞』は、阿部の選挙区（北海道3区）の次のような声を載せている。

「代議士としてあるまじき破廉恥な出来事。とはいえ、これも氷山の一角なんでしょうね。阿部さんは即刻、引退すべきだ」

「3区住民の代表がこのような事件を起こし、残念。事件の全容が明らかになるにつれ、怒りを超えてあきれている。企業側にも問題はあるが、有権者をバカにした行為だ」

これが「氷山の一角」であることは国民はみんな知っている。

## 結局は選挙民の問題

もっと規模が大きいといわれる「東京佐川急便事件」に関連して、いま兜町には、佐川急便からカネをもらった政治家一覧が掲載された怪文書が出まわっている。

それによると、元首相の超大物への108億円をはじめ、歴代元首相クラスに18億円から43億円、現在の派閥の領袖たちに11億円から16億円、若手実力者に10億円となっている。野党のトップにも億単位のカネが流れたと書いてあるが、こんな怪文書が出るほどに政治家は総会屋化しているのだろう。

そうではなかった政治家、松村謙三のことを私は91年に『正言は反のごとし』（時事通信社）と題して書いた。

松村は1971年夏に88歳で亡くなったが、富山の松村の支持者にはカネの誘惑に負けない人が多かった。その一人に、砺波（となみ）市で新聞取次店をやっている古川という人がいた。この人が松村以上に頑固一徹の人で、あるときの選挙の最中に、ひとまわりしてきた応援者が、ちょうど昼どきだったので、

「どんぶり飯でもないですかね」

といったら、事務所を提供しているその古川が、

「松村の事務所に来て飯など食いたいという奴があるか」

と怒鳴りつけた。

居合わせた松村が、

「おいおい、そこまでいわなくてもいいだろう」

といったが、古川は譲らなかったという。自民党の政治家と支持者にも現実にこういう人がいたのである。結局は選挙民の問題なのだ。

阿部文男自身は1983年の選挙の時に田中角栄の問題に触れて、「政治倫理、清潔、公正は政治の初歩」であり、「選挙にカネがかかり過ぎるのが金権化する最大の原因」と話していたという。

（『週刊現代』92・2・1号）

## 日韓の〝溝〟深める宮沢首相の「不決断」

### 朝鮮人を救った一警察署長との差

新井慶子という日本名だったこともあってか、鳥取でそれほど差別を感ずることなく暮らしてきた在日朝鮮人の朴慶南(パクキョンナム)は、高校生の時、1923年の朝鮮人虐殺事件について書いた本を読み、以来、この人は自分をかばってくれる人かどうかという目で日本人を見るようになった。

関東大震災の際に日本の官憲が民間の自警団を煽って朝鮮人を虐殺したのは、1919年3月1日の朝鮮独立を求める激しいデモを彼の地で目のあたりにした日本の治安当局者が日本に帰って来ていて、差別し虐待していた朝鮮人に反撃されるのではないかと恐れたためではないかともいわれる。

朴慶南は、先ごろの茨城での外国人労働者が日本人をレイプしたという根も葉もない噂にも、日本人の体質は変わっていないのではないかという恐怖感を抱く。

その彼女に、朝鮮人を助けた日本人警察官の話を聞いたのは救いだった。

横浜市鶴見区の東漸寺にその警察官大川常吉の墓があり、墓前に「故大川常吉氏之碑」が建っていて、こう書かれている。

「関東大震災当時、流言飛語により激昂した一部暴民が鶴見に住む朝鮮人を虐殺しようとする危機に際し、当時鶴見警察署長故大川常吉氏は、死を賭して其の非を強く戒め、三百余名の生命を救護した事は誠に美徳である故、私達は茲(ここ)に故人の冥福を祈り其の徳を永久に讃揚する。

一九五二年三月二十一日　在日朝鮮統一民主戦線　鶴見委員会」

朝鮮人が日本人を襲ったとか、井戸に毒を投げたとかいう噂は、日ごろ差別し虐待しているだけに、仕返しされるという恐怖感をともなって野火のように燃えひろがった。そのデマを信じ、いきり立った日本人が、大川が保護のために朝鮮人を集めた鶴見の総持寺へ押しかけた。その群衆の数、約1000人。殺気走った異様な雰囲気に危ないと思った大川は、警察官を付き添わせて300人ほどの朝鮮人を鶴見警察署に移し、2階の広間に収容した。

しかし、集団ヒステリーに陥った日本人は朝鮮人を引き渡せと、警察を包囲して吠えたてる。そのとき突然、大川が猛りたつ群衆の前に現れた。他の警察署では、やはり朝鮮人を保護していた警察官が日本人に襲われ、ケガをしてほうほうの態で逃げ出したりもしていた。もちろん、そこではその後、朝鮮人が群衆の手で虐殺されている。

当然、生命の危険もある場所へ、大川は進み出た。そして、こういったのである。

「朝鮮人が毒を投入したという井戸の水を持って来い。そうしたら、私がみんなの前で飲む。そして異状があったら、朝鮮人を諸君に引き渡そう。異状がなかったら私に預けよ」

気魄(きはく)に満ちた大川の言葉に、息を呑まれたように群衆は静かになり、いつのまにか、みんな帰って行った。

こうして大川は朝鮮人の生命を守ったのだが、当時46歳だった大川はまったくそれを誇る風もなく、

「何人（なんぴと）であろうとも人間のいのちにかわりはない。私の仕事は人のいのちを守ることだから」

と淡々と語っていたという（キョンナム著『ポッカリ月が出ましたら』三五館、参照）。

その大川に感謝して、それから30年近く後に前記の碑が建てられたのだった。この大川に比して、現首相宮沢喜一の、何と不決断なことか。

戦後46年間も頬かむりしてきた朝鮮人従軍慰安婦問題について、

「まず訴訟の推移を見守らなければいけない」

などといっている。

これでは筆舌に尽くせぬ辛酸をなめた彼女らをはじめ、朝鮮人の気持ちを納得させることは到底できないだろう。

日本人に本当にあった歴史を伝えたいと、死ぬ思いで訴訟を提起した元従軍慰安婦は、飛行機の日の丸を見て、往時の地獄を思い出し、体のふるえが止まらなかったとか。畳もイヤ。日本の男性記者が取材しようとすると体が強張ってダメで、女性記者にかわって、ようやく話すことができたという。

そんな彼女たちの一人、金学順（キムハクスン）は、日韓首脳会談での他人事のような宮沢発言を聞いて、怒

りがこみあげ、ソウルでのデモに加わって、

「ただ謝罪するだけでは何にもならない。国としての責任を果たせ」

と訴えた。

## 〝偉人〟伊藤博文を暗殺した〝英雄〟

宮沢は1月17日のソウルでの記者会見で、日本の教科書に従軍慰安婦問題を記述するかどうかについて、

「事実として分かってきたわけだから、隠すことは良くない」

と答えている。

しかし、その教科書での日韓の差はあまりに大きいのである。

日本の文部省の学習指導要領が挙げる小学校6年の歴史(社会)で重視する10人の人物の明治維新以降の4人は、西郷隆盛、福沢諭吉、伊藤博文、東郷平八郎で、いずれも朝鮮から見れば「侵略思想」の持ち主である。

一方、韓国の「公益広告協議会」のポスターに登場する10人の歴史上の人物のうち、近代以降の5人、安重根(アンジュングン)、柳寛順(ユグアンスン)、尹奉吉(ユンボンギル)、安昌浩(アンチャンホ)、金九(キムグ)はいずれも抗日独立運動の活動家だという。

朴慶南は『クミヨ！(ゆめよ！)』(未来社)で、伊藤博文と安重根を対比して「歴史認識の差」を語る。

「日本人にとって伊藤博文は明治政府の元老としてお札にもなった〝偉人〟だが、朝鮮では日本の朝鮮支配を実現するために重要な役割を果たした人物として、憎悪の対象となってきた。安重根は敗戦までの日本では、政府の最高首脳を暗殺した大罪人であったが、韓国(朝鮮)では現在も大変な尊敬を国民から受けている」

朴は「暗殺した人間と暗殺された人間の両者が、二つの国のそれぞれの歴史的人物としてとりあげられているという事実」に日韓の〝溝〟の深さをみるのだが、せめて、東郷平八郎のかわりに、朝鮮人を助けた警察官、大川常吉を教科書に登場させることはできないのか。

(『週刊現代』92・2・8号)

# 宮沢首相に代表質問！

## 総会屋・阿部文男代議士の派閥

突然、何を言い出すのかと思われるかもしれませんが、3月1日から、いわゆる暴力団新法が施行されますね。これで暴力団はなくなるかと尋ねられて、私は、今度は政治家が暴力団の役割を果たすんじゃないか、と答えました。

1982年に総会屋をなくそうとする改正商法が施行されて、たしかに総会屋の数は減りましたが、そのかわりに、阿部文男代議士のように、企業にたかって総会屋のような行動をする政治家が出てきたからです。

この、政治家の総会屋化という例をみれば、政治家の暴力団化という予想も的はずれとは言えないでしょう。

ところで、阿部文男代議士です。この人は宮沢派の事務総長でした。阿部事務総長で宮沢派は総裁選を戦い、宮沢さんは自民党総裁になって、首相の椅子にすわったのです。

阿部代議士、いや、阿部容疑者は、宮沢さんとは同じ派閥のライバルだった故田中六助氏に近く、あなたに対しては、むしろ、批判的だったそうですね。その彼を、かなりの異論を排して事務総長に据えた責任を、あなたはどう感じているのでしょうか。

それに関連して、そもそも、あなたは派閥というものをどう考えておられるのか。あなたをはじめ、金丸信、渡辺美智雄の各氏らが、いずれも取り決めを破って、党や内閣の要職に就いても、派閥の会長を続けていることは、国民との最低限の約束も踏みにじっていることに他ならないのではないでしょうか。

宮沢さん、あなたは、高坂正堯氏との対談『美しい日本への挑戦』(文藝春秋)で、

「私は、日本は物は十分になったから次は心だという言い方にも抵抗があります。美しい心、美しい精神、そういうことに政治が口を出したり、何らかの方法で指導に乗り出したりするというのは反対です。そういう精神主義的な政治は一部では受けるかも知れませんが、こんな危険なことはありません。政治はひとの心の問題に立ち入らないことです。だから資産倍増政策で美しい日本をつくると言っても、あくまでそういう方向でということであって、あるいは、こんな風にしたら美しい街づくりができるんじゃないかと示唆や提案をしたりするのがせいぜいで、美の尺度に立ち入ってはいけない、これは大事なことだと思うんです」

と発言しています。

これには私も大賛成なのですが、「示唆や提案」が通じない阿部容疑者に対しては、どうするのか。宮沢派の事務総長だった阿部氏の問題をこの発言に重ねてみると、何とも、先取りした責任逃れのように聞こえてならないのは、私だけでしょうか。

## バブル再び「生活貧国」への危険性

あなたは、多分、こんな問題で足を引っ張らないで、私に本格的な政策運営をさせてほしい、と思っているでしょう。

しかし、私はその柱となる政策にも大いなる疑問を感ぜずにはいられません。あなたは施政方針演説で「生活大国」ということを主張されました。公共投資による社会資本の充実をその内容としているのでしょうが、私は「生活大国」が再び「バブル大国」を出現させないか、と心配するのです。

というのも、大蔵大臣として、あなたが金融緩和に動き、日銀に公定歩合を引き下げさせたことが「バブル」の一因となったことは否定できないからです。

私は、現在の三重野日銀総裁を、池波正太郎の小説の主人公になぞらえて、「平成の鬼平」と名づけました。火付盗賊改方長官、長谷川平蔵こと「鬼の平蔵」は、その探索と追及の厳しさで、盗賊たちからは〝鬼〟と恐れられたのですが、江戸の庶民たちからは逆に喝采を浴びたのです。

それと同じように、バブル退治のために金融引き締めを図る三重野総裁も、地上げや株上げでもうける不動産業界や証券界からは、仇敵視されました。いまもその状態は続いているわけですが、鬼平の上司の、いわば将軍に当たる宮沢さんが、鬼平の三重野さんに〝指揮権〟を発動して、ムリにも公定歩合を下げさせるようなことにはならないことを願うばかりです。

それでは、バブルでもうける〝盗賊〟たちが生き返り、「生活大国」どころか、庶民には手の届かない土地高インフレの「生活貧国」になることは目に見えているからです。

高い知名度にもかかわらず選挙には弱い宮沢さんに私は比較的好感をもっています。地元にあまり利益誘導をしない政治家だと思うからです。

さて「共和」はせいぜい汚職で、「佐川急便」は大疑獄だといわれます。首相という最終ポストについたのですから、宮沢さんも、あのロッキード事件の時の三木武夫さんのように政界の大掃除をして、まともな政治家だけが少しは残ることに力を尽くしてくれませんか。すべてはそこから始まると思うのです。

(『フライデー』92・2・14号)

# 老害・宮本顕治共産党議長の唯我独尊

## ソ連崩壊を〝歓迎〟した鈍感さ

証券スキャンダルでは、『赤旗』のコメント依頼にも応えたし、『文化評論』の対談にも出た。

しかし、自民党の総裁選挙についてどう思うかと『赤旗』の記者から電話が来た時には、私は、おたくの党の宮本顕治の独裁体制をそのままにしておいて、そんなことを尋ねられるのか、と問い返さずにはいられなかった。

現在、中央委員会議長という肩書の宮本は、1月1日付の『赤旗』で、例によって「日本共産党だけが正確な対案をかかげて」きたと自己礼讃に終始している。

また、1月7日付の『朝日新聞』夕刊のインタビューでは、新妻記者の「日本共産党はソ連社会主義の崩壊を『もろ手をあげて歓迎』した。対立してきた相手が倒れたということでは歓迎だろうが、社会変革の使命も背負った指導者として、自分との距離だけで測っていいのか」という問いかけに、

「ソ連共産党からあらゆる時期に妨害、覇権主義的な干渉を受け、それと闘うことなしには、私たちの建前を貫けないという状況に置かれ、30年近く一生懸命やってきた。『もろ手をあげて

歓迎』は実感だ。本当に、レーニンのあとのソ連社会主義は間違った道を歩いた。間違ったものは1日も早く、転換するか、挫折を表明した方が、人類の役に立つ」

と満々の自信を見せている。

常に「わが党」すなわち宮本顕治は「正しい」のである。

しかし、ソ連の崩壊を「もろ手をあげて歓迎」に、どれほど多くの良心的共産党シンパが傷ついたか。

私は、日本人にはマルクスより、ドレイ精神からの解放を主張した魯迅の思想のほうが大事という立場だから、大した感慨はなかったが、私の友人にも共産党指導部のあまりの鈍感さと唯我独尊ぶりに悲憤慷慨して泣訴してきた者がいる。

共産党流にいえば〝脱党者〟の堤清二セゾンコーポレーション会長は、私との対談で、日本共産党がソ連の崩壊を「歓迎する」といったのには、びっくりしたと発言し、その後を、こう続けた。

「そりゃ、ソ連共産党の上層部は、腐敗の極みだったでしょうけど、しかし、真面目な青年共産党員はいたはずで、彼らがどれほど自分たちの人生について悩み、苦しんでいるか、そういうことについて何の想像力も働かず、一片の涙もなかったとしたら、これは鉄の団結かもしれませんが、そのこと自体が怖いことのように私は思います。政治闘争というのはそういうものだ、といわれるかもしれないけれども、僕たちが学生の頃、運動に参加したのは、共産主義によって、そうでない、人間の顔を持った政治が可能になるのだという思い込みがあったからです」

83歳のドン、宮本顕治に対する批判は共産党内に充満している。着火すれば爆発するくらいに昂まっているのだが、先の『朝日』のインタビューで、30年以上も最高指導者であり続けているため組織にマイナスを生んでいないか、と問われて、ご当人は、

「このような質問の一番強い動機として、日本共産党もそろそろ路線を転換したらどうかというのがある。時代遅れなのだから、一番古い宮本がやめろということにつながってくる。我々はこれを拒否してきた。歴史の歩みからみて、基本的な貢献のある党だ。個人崇拝もない。私の写真などどこにもない。自ら戒めて、集団指導での新陳代謝を適切にやっている。指導力の一翼として働いてきた人間がいることで、組織に迷惑がかかることはありえない。残念ながらご説のようになるわけにはいかない」

と、〝老害社長〟が退陣を拒否するのと、まったく瓜二つの答弁をしている。しかし、90年夏の党大会を前に出された『赤旗』評論特集版には次のような党員の投書が次々と寄せられたのだった。

「独裁者（チャウシェスク）を同志と呼んでしまったことは恥ずべきことである」

「(選挙結果は)社会的常識では、『敗北』、もっと正確には『大敗』である。大幅に議席を失った以上、率直に『敗北』と総括すべきではないか」

「創価学会での『名誉会長』と変わりのないような『議長』による実質的院政をしているの感を免れません」

「宮本議長は、退陣すべきである。指導部任期制やルーマニア問題での弁明はあまりにも見苦しい」

## チャウシェスク擁護に頬かむり

アムネスティが人権侵害国として何度も告発したルーマニアのチャウシェスク政権を擁護した罪をはじめ、宮本の過ちは少なくない。それに頬かむりして臆面もなく「無謬」を主張されては、シラケるのは党員だけではないだろう。

宮本は1929年に、芥川龍之介について書いた「『敗北』の文学」で、雑誌『改造』の懸賞文芸評論の一席に入選した。この時の二席が小林秀雄の「様々なる意匠」だったことは有名な話だが、結局、宮本の「文学」は、「敗北を認めない文学」であり、敗北から学べない思想なのである。

コンクリートで踏み固められた土地からは容易に芽が出ないように、共産党の感性はいま、老朽化した宮本というコンクリートで覆われている。

宮本は有島武郎について、片上伸の「理づめで自分の気持を片づけている点が氏のいうところを浅くし、平たくし、乾いたものにし、もっとものようでいて、真に心から受け入れさせる力のないものとしている」という批判を引いているが、これはそのまま宮本自身に当てはまるものではないか。

宮本は「我々は如何なる時も、芥川氏の文学を批判し切る野蛮な情熱を持たねばならない」と、20歳の時に書いた芥川批判を結んだ。

しかし、いま、共産党員に求められているのは、宮本を「批判し切る野蛮な情熱」だろう。「わが党マイホーム主義」の温室の中で「自己批判」ばかり繰り返してきたひ弱な党員にそれを望むのはムリかもしれないが……。

（『週刊現代』92・2・15号）

## 立場忘れた労働組合の存在理由

### 実態は〝影の経営者連合〟

ボスの宮本顕治中央委員会議長を批判したから、共産党の私に対する評価も一変するかもしれないが、去る92年1月15日の『赤旗』にこんな囲み記事が出た。

「〝辛口〟の経済評論家として知られる佐高信氏がJC（金属労協）の92春闘討論集会（13日～14日）で、講師に招かれ、歯に衣きせぬ口調でポンポンと労働組合の姿勢を批判、討論集会最大の話題となりました」

私は「ゆとり・豊かさ・社会的公正の追求と労働組合の使命」という題を与えられて、いうだけいってすぐに帰って来たので、その後のことは知らなかったが、『赤旗』の記事によれば、私の批判に会場はシーンとなり、ふろ場でも、食事時でも、私の話をめぐってかんかんがくがくの討論になったという。

JC幹部は「参加者の3分の1は共感したが、3分の1は反発しただろう」としながら、「8、9割はもっともなこと」と述べていたとか。

私は「公正」という視点から、労働組合が社宅を要求したのはまちがいだと指摘し、証券スキャンダルでの損失補てん問題を例に「トヨタ、松下、日立は日本企業のワースト3」と断罪した。いうまでもなく、これらの組合はＪＣの主要労組である。

再三批判してきたように、日立は修養団のみそぎ研修に社員を参加させている。それを許してきた組合の責任を衝いた上で、私は先の残業拒否による解雇を認めた最高裁判決に言及した。「解雇が当然というのなら組合運動は成り立たない。ここに(日立の)組合の人がいると思うが、なぜ組合から激しい（最高裁批判の）声がおこらないのか」

『赤旗』の記者は、私がこう「強い調子で」述べた、と書いている。

これに対して、講演後、日立の加盟する電機労連の幹部から、

「あれは、手ぬき仕事に対する残業であり、特殊なケースだ」

と、信じられない弁明があった。

労働組合の人間が〝手ぬき仕事〟という言葉を使うのである。原告の田中秀幸は、もちろん、それは経営側のデッチアゲだといっているが、悪びれるふうもなく、そう語る電機労連の幹部に私は唖然となった。

これでは、労働組合は要らない。労働者は経営者と中間管理職に管理されるだけでなく、組合幹部にも管理されることになるからである。組合費を払って二重に管理されるほどバカらしいことはないだろう。

電機労連は1月末に開いた中央委員会で、組織の名称を従来の全日本電機機器労働組合連合

会から「全日本電機・電子・情報関連産業労働組合連合会」（略称「電機連合」）に変えることを決めたという。「電機労連」から「電機連合」へ。つまりは「労」が消えるわけである。いっそ、「電機影経連合」（略称「電影連」）、すなわち〝影の経営者連合〟と変えて、日経連に加盟したらどうか。実態はすでに労働組合ではないのだから、日経連も喜んで受け入れてくれるのではないか。

先日、福岡県飯塚市の女性が、勤めていた縫製工場の労組支部（組合員39人）の忘年会で、合同労組の組合長のすすめる酒を断ったために組合を除名され、労組加盟が雇用条件のユニオンショップ協定で会社から解雇される事件があった。この女性は直ちに、会社側を相手取って福岡地裁に地位保全の仮処分を申請し、組合長に対する400万円の損害賠償請求訴訟も起こした。

彼女は忘年会の数日前からカゼ気味で、酒をすすめる組合長に事情を話して断った。しばらくして、少し気分がよくなったので、支部長からの返杯は受けたら、それを見た組合長が、

「おれのがなんで飲めんのか」

といって、忘年会の解散を宣告したという。

そして、1月16日付で彼女に「12月21日に開いた支部の団結集会で、ただ一人、組合長の団結を求める行為（組合員の席にあいさつして回った行為）を拒否、反抗する態度を示したため、21日付で除名を決定した」という除名通知書が送られた。

彼女は「酒の席のささいな出来事で解雇されたのは生活権、労働権の重大な侵害」と訴えているが、当然だろう。こんな人間が組合の役員をしていることがおかしい（その後、組合長は2月4日付で辞任。会社側も解雇を撤回）。

しかし、電機労連の幹部たちと、この組合長の精神構造はそんなに違っていないのではないか。

## 企業批判を許さぬ組合

労働組合は「経営参加」を求めて経営者に接近していってから、限りなくその存在理由を失っていった。現場の労働者の声をくみあげ、経営に批判的な立場をとってこそ、組合は存在理由があるのである。

そうではなく、影の経営者、擬似経営者となって、組合員に「手ぬき仕事をするな」などという影とか、擬似というのは、ホンモノにコンプレックスを抱いているためにホンモノ以上に苛酷な管理をする。飯塚のある組合長の非常識な行動はその典型だろう。

組合は「参加」に色目を使わず、批判的立場に徹すべきなのである。

91年末に、ある座談会で、元JC議長の宮田義二と一緒になった。いまは松下政経塾の塾長などをやっているこの元鉄鋼労連委員長は、私のきびしい労組批判にもある程度頷いていたが、

終了後、私と編集者に、

「トヨタ、松下、日立等の実名は避けて、大企業にしたほうがいい」

といった。

私の発言に対してである。

これには私も驚いたが、実名を出して相互批判をやらないから、日立や松下が参加させているみそぎ研修は生き残ってきたのだろう。

組合関係の機関紙で具体的に経営批判をやると、当該企業の経営側より早く、その労組から厳重な抗議が来るという話も聞いた。こんな組合を、組合費を払って存続させる必要があるのか。

（『週刊現代』92・2・22号）

# 「円マーク」求める御注進新聞の体質

## 『読売』は報道の味方か

各所に「龍のマーク」がついている地図がある。そこは怪物がいる恐ろしいところだというわけだが、一般の人にとってはそこから引き返すことになるそのマークが、探検家にとってはむしろ目ざすところになる。

ジャーナリストも本来は「龍」を求める人間なのだろう。しかし、逆に、そこから引き返す人間が多くなってきた。それも、自分だけ引き返すのではなく、危険を冒して近づこうとする者の足を引っ張る。

鎌田慧が『図書』の92年1月号に「新聞は報道の味方か」と題して、91年夏の体験を書いている。

鎌田は『フライデー』の依頼で、雲仙普賢岳のマグマ活動止まぬ島原に行き、ルポを書いた。そして、「大国日本の政府は、まだなんの援助も決めていない。湾岸戦争では、あれほど素早く軍資金の大盤振る舞いをしたのに」と結んだのだが、この記事が載った91年8月2日号が東京で発売された7月19日の翌日、『読売新聞』は大見出しで、

「『雲仙』立ち入り禁止区域をルポ
『フライデー』掲載
島原市内3人で取材
警察が事情聴取へ」

とセンセーショナルに報じた。

鎌田によれば、これは東京本社から『フライデー』をFAXで送ってもらった記者が島原署に御注進に及んで、書いたのだという。

鎌田は、「もしも原発で事故が発生したときどうなるか」と考え、「いったん立ち入り禁止区域に指定されたなら、なかの様子はもう報道できなくなる」と思い、「禁止区域」に入ることを決意した。「報道規制にそのまま従っていてはなにも明らかにならない」からである。

「災害対策基本法」違反の疑いをかけられた鎌田は出頭を拒否して、

「わたしたちの先輩たちは、ベトナム戦争をはじめとして、あらゆる戦争、災害、事件に身を挺して報道してきた。犠牲者も数多くだしている。それでもなお、報道することに身命を賭けてきたのは、それこそ報道者の任務であり、報道の権利であり、かつまたそれが知らせるという行為によって公共の利益に合致すると信じていたからであった。いうまでもなく、報道の自由と知る権利は、国民の基本的権利である。それはけっして誰からも制限されるべきものではなく、自己規制すべきものではない」

と書いた「意見書」を警察に渡した。

当然、鎌田は「不起訴」になったが、その事実を『朝日新聞』だけが大きく報道し、被災者組織の代表者の、

「私たち避難住民は警戒区域内の情報が欲しかった。だが、行政はそれをせず、フライデーの記事を見て、初めて被害の実態を知ることができた。それを成し遂げた鎌田さんらが起訴されなかったことは当然だと思う」

という名前入りのコメントを西部本社版に載せたという。

「不断の報道によって、『企業秘密』『国家秘密』というのを名目とする規制の強化と『大本営発表』を防ぐのが、取材、報道にたずさわるものの任務であろう」と鎌田は書いているが、新聞記者たちは「龍のマーク」ではなく、「円のマーク」を求めて「取材、報道」をしているようである。

霧の中のままの『日本経済新聞』のイトマンへの「社内協力者」や、共和から一度は現金を受け取った『北海道新聞』の元常務や元論説副主幹。

これらの事件と、鎌田を警察にチクった『読売』の姿勢はつながっているのだと私は思う。

こうした「円マーク・御注進ジャーナリズム」に甘やかされて、日本の企業や政治家は世界に恥をさらす。

## 英人学者はトヨタ批判したが……

今度出た鎌田の『トヨタと日産』（講談社文庫）の「解説」にも書いたが、鎌田の『自動車絶望工場』（講談社文庫）がアメリカで翻訳出版された時、ロンドン大学教授のロナルド・P・ドーアは序文を書くために、鎌田が書いたような季節工と長時間の時間外労働が、いまどうなっているのか、その数字を教えてくれ、とトヨタ自動車に手紙を書いた。すると、すぐにトヨタの中堅管理職が飛んで来て、

「尊敬すべき大学者であられる先生が、どこの馬の骨ともわからぬひねくれ者が、あのような口ぎたない言葉で書きつらねた本に関係されるとは意外です」

といったという。

ドーアはこの経緯をそのまま序文に書いた。『経済評論』の1983年10月号と11月号に掲載されたこの長い序文には、こんな記述もある。

「それは軍隊のキャンプと何ら変わるところはない。正社員としてトヨタに入社するということは、ゼネラル・モーターズに入社するようなもの、というより、むしろアメリカの軍隊に入隊するようなものといったほうがぴったりする」

「トヨタの場合は、鎌田が明らかにしているように、軍隊との対比は、単なるアナロジー以上のものである。トヨタは、自衛隊と非常に緊密なつながりを持っており、元兵士や下士官を採

用することに精力的な努力を払っている……これはまず第一に、イデオロギー上両者に親近性があるということであるのは疑いもないことである」

「労働者が感じる抑圧感——労働者が抑圧感を感じていることは確かだが——は強圧的な外部的権力による抑圧ではない。それは組織が彼らに課したノルマや目標に忠実であろうと努めることから生じる内部的強制による抑圧感である」

鎌田は、トヨタに勤めるある若者が「ここでの労働は労働ではなくて何かの刑罰」だといったことを紹介しながら、トヨタの社長の豊田章一郎が「働く喜び」と題したエッセイで「人間が社会に貢献してゆく本来の使命である〝仕事〟、この仕事自体に満足感をもつこと、もてることこそ、永続的な本当の幸福であろう」と書いていることに怒る。

ヌケヌケと豊田章一郎にこういわせるジャーナリズムの体質が、いま問われているのである。

(『週刊現代』92・2・29号)

## 〝宿便政治家〟たちの腐臭

### 汚職まみれの「運輸省は要らない」

『広辞苑』によれば、宿便とは「腸内に長くたまっていた便」である。続発する汚職は、自民党一党支配が生んだ宿便のようなものだと私は思う。

ロッキード便にリクルート便、それに佐川便が重なって腐臭を発している。政権交代の可能性がなければ、政官財の結びつきはますます固定化されて、宿便はさらにとれなくなるだろう。

同じ運輸会社でも、佐川急便とヤマト運輸はまったくその体質が違う。

佐川急便の車は駐車違反をしても捕まらないなどという噂に象徴されるように、佐川がウラで政官界に手をまわしてルールを曲げさせたのに対し、ヤマト運輸は、真っ向から、堂々と、運輸省の理不尽な規制に抵抗した。宅急便の仕事が利用者に支持されているという自信があったからである。

「ヤマトには政治力なんか何もない。あっても使いたくはない」

クロネコヤマトの宅急便を始めた現相談役の小倉昌男はこういい切っているが、すべて正攻法の正面突破で押しまくったヤマトは、小倉が、

「運輸省なんか要らない」

と、しばしば公言することもあって徹底的に運輸省にいじめられた。いまでも、運輸省の許認可等での〝ネコいじめ〟は続いている。

こんなエピソードがある。佐川急便との違いを強調するために、対照的なヤマトの姿勢を紹介しよう。

1983年5月17日の『朝日新聞』に「クロネコヤマトからのお知らせ」が出た。例の親ネコが子ネコを口にくわえて運ぶマークを真ん中に配して、「宅急便のPサイズを発売いたします」「従来、宅急便はSサイズ（10kgまで）と、Mサイズ（20kgまで）の2タイプでしたが、この度ご利用の皆様の便宜のために、Sサイズより200円安いPサイズ（2kgまで）の運賃を設けることにいたしました」という「宅急便ご利用の皆様へ」は、とりたてて騒ぐ内容ではないが、次の「6月1日から取り扱い開始予定」は非常に刺激的である。すなわち、「すでに、運輸省に対して、この新運賃の申請をしておりますが、認可が遅れれば、発売開始日は認可後となります。ご了承下さい」。

そして、2週間後の5月31日。またヤマトの「お知らせ」が出た。

大きく、「宅急便Pサイズの発売を延期いたします」。次に「運輸省の認可が遅れているため発売を延期せざるをえなくなりました」と、その理由を記し、「運輸省の認可が下り次第、すみやかに発売を開始いたします」と宣言している。

役所と公然とケンカするヤマト型の企業は少ない。日本は「官僚国家」で役所の力が強いからだが、その官僚や官僚に強い影響力をもつ政治家に働きかけて、リクルートや佐川急便は急成長した。それはルール無視の成長である。たとえば佐川の過重労働は有名でしばしば国会でも問題にされてきた。自分が働くだけ働いて高給を得るのだからいいじゃないかという人がいるかもしれない。ただ、疲れ切って居眠り運転する危険性が高い佐川の車と一般の車は同じ道路を走るのである。佐川の〝飛脚〟だけが別の道を走るわけではない。

佐川の直接の監督官庁である運輸省は造船疑獄に始まって武州鉄道事件、大阪タクシー汚職、ロッキードと、戦後の主な汚職事件にはほとんどすべて関わっている官庁である。これは、運輸省が最大の許認可官庁であることにその原因があるのだが、そもそも運輸省は、事務次官をやった佐藤栄作の〝天領〟みたいなものだった。

そして、西村英一、橋本登美三郎、細田吉蔵ら佐藤派の面々が運輸族として影響力を行使し、その西村や橋本を取り込む形で、田中角栄が田中派をつくる。一方、細田は佐藤派から分かれた福田赳夫派に入るのである。

## 運輸族が佐川疑惑の中心だ

角も福も、もとは同じ佐藤派だったことを考えれば、中曽根内閣以後に限っても、歴代運輸大臣が、長谷川峻（福田派を継承した旧安倍晋太郎派）、細田吉蔵（同）、山下徳夫（河本敏夫派）、三塚博（旧安倍派）、橋本龍太郎（田中派を乗っ取った竹下派）、石原慎太郎（旧安倍派）、佐藤信二（栄作の息子、竹下派）、山村新治郎（竹下派）、江藤隆美（旧中曽根派）、大野明（旧安倍派）、村岡兼造（竹下派）、奥田敬和（竹下派）と、ほとんど竹下派か旧安倍派の現三塚派で占められている理由がわかるだろう。この中の山下徳夫は河本派というより竹下派河本系であり、江藤隆美は中曽根派が利権の巣に手を突っ込もうとして送り込まれたともいえる。

佐川疑惑の中心人物は、だから、これら運輸族の中にいるのだが、旧安倍派から袂を分かった加藤六月と三塚博がまだ対話が成立していたころ、運輸族の政治家と運輸次官、それにJRとなった国鉄総裁らが赤坂プリンスホテルに集まって懇談する「赤プリ会」というのがあった。これに出る政治家は加藤、三塚の他に細田吉蔵、長谷川峻、そして小此木彦三郎、鹿野道彦。旧中曽根派の小此木を除けば、すべて旧安倍派で、現三塚派のその事務所のある赤坂プリンスで開かれた。

『日刊ゲンダイ』は1月22日付の誌面で、「大本命は三塚元運輸相」とデカデカと報じた。これには三塚側から強い抗議があったらしいが、国鉄の「分割・民営」反対派から一転して賛成派にまわった三塚が運輸族の大ボスであることはまちがいない。

その三塚をめぐって仙台地裁で興味深い裁判が進行している。東北佐川急便の解雇事件で、経理課長が佐川急便会長、佐川清が会長を務める清和商事の〝指示〟で旧安倍派、現三塚派の清和会に二〇〇〇万円を出すとともに、「株式会社サンセイ」なるものに、顧問料として毎月1

００万円ずつ送金していた、と証言したのである。「サンセイ」は、なんと「国会議員の三塚博さんの自宅にある会社」だという。

この課長が証言しているように、佐川急便には、領収証の取れない使途不明金があまりにも多かった。それらがどこに流れたか。もちろん暴力団にも渡ったが、暴力団的〝宿便政治家〟にヨリ多く流れたのである。

（『週刊現代』92・3・7号）

# 暴力団新法でも〝生き残る方法〟

## 企業とヤクザは共存共栄

3月1日施行の「暴力団員の不当な行為の防止等に関する法律」、いわゆる暴力団新法によって、暴力団の増勢にストップをかけることができるか。残念ながら私はその問いにノーと答えざるをえない。

佐川急便疑惑をめぐる怪文書のひとつは「そもそも佐川なる会社が、〝闇の経済界のトラブル〟(の解決のために)政治家へ金を出したり、献金した背景には切っても切れない形で広域暴力団とのつながりがあった」と書き出されているが、佐川マネーが稲川会等の暴力団へ流れたことは次々と明らかになりつつある。暴力団と区別のつきにくい政治家に対しても同じである。

91年、証券スキャンダルが発覚した際、地方のある警察署長は、野村証券と稲川会の癒着などに触れ、

「われわれがどんなにがんばって取り締まっても、企業がドーンと軍資金を出すんだから、いやになるよ」

と嘆いていたが、企業や政治家が暴力団を必要とする状況がなくならない限り、彼らは生き

延びるだろう。

北川紘洋の『ヤクザがおくる普通人への独白』（はまの出版）に、企業とヤクザの関係についての興味深い記述がある。

「あなたたちが会社の顧問をやってるってホントですか」

と問われて、ヤクザの親分がこう答えているのである。

「会社っていうのはさ、それが一部上場会社であろうとなかろうと、ちょっとした会社なら、総会屋は必要だし、弁護士も必要だし、税理士も必要だ。じゃ、なぜ必要か。そこのところをよく考えてみてよ。そうすると、私たちがなぜ必要なのか、わかってくる。もし、その会社がまったくノーマルだったら、きっと弁護士も、税理士も自分たちの社員でやっていけるはずだ。まっ、私はこう考える。会社組織というのは、税金をごまかすために税理士が必要なんだし、社内外もろもろの中で弁護士に弱いところを守ってもらっているわけだ。

要するに、会社というものは、資本主義の申し子のようなもので、人と競争して、生存競争に打ち勝っていかねばならぬ。ということは、決してきれいごとではすまないということです。後ろめたい取引、駆け引き、商売、そうしたものが必ずあると思っていただきたい。まっ、時には相手がこわもてで出てくることだってあり得る。そんな時、黙って引き下がっていたのでは、もう負けてしまう。かといって、警察には言えない事情があるわな。

その時、便利なのは、総会屋でもない。弁護士でもない。もちろん税理士でもない。すなわちヤクザなんだ。が、ここで大切なことは、あくまで、私たちが出ていくのは、その会社の一員としてだ。○○組が出てきたとあっちゃ、その会社の社会的信用まで失われてしまう。新聞ダネにもなった某デパートのように、おもしろおかしくやられたら、信用なんてひとたまりもない。だから会社は私たちを役員にする。顧問という肩書にする。名刺にそう書かれる。もちろん、私たちも意識して、いざという時でないと出ていかない。会社の中をゲタバキで歩かれたら、まったくヤブヘビだもの」

手形の問題とかで出ていくと、相手も〝同業者〟が出てきて、お互い、お抱えの会社の名刺を交換し合い、話をつけることになる場合もある。

「相手が同業者なら、共存共栄。私たちはそういう時、お互いの仕事をつぶし合うことは一切しない。たかだか顧問をしている一社のために身体をはってやるなんて、とんでもない。相手もきっとそう思っているにちがいない。お互い、いい形に話を収め、利益があがったように見せかけると、だいたい喜ばれるというものだわな」

この親分の話はさすがに迫力がある。これまでの経験では、10件頼まれて出て行って、8件は〝同業者〟同士の話になったという。

この本が書かれた7年余り前は「仕事の内容で一番多いのが売掛金の回収」だった。その後、地上げ、株上げに暴力団が〝介入〟して、見返りに得る報酬も巨額になったわけだが、企業が彼らを必要としているという基本的な構図は変わっていない。

あえて、この親分の言葉に異議をはさむとすれば、総会屋はほとんど暴力団に組み込まれ、その区別はなくなったということだろう。右翼も含めて三者はほぼ一体なのである。

## 「札つき」から「札のついてない不良」へ

91年秋、経団連は「行動基準憲章」なるものを発表した。しかし、本当に企業がその行動改革に乗り出す気なら、あの一斉株主総会をやめることだ。総会屋のハシゴを恐れて、ほとんどの企業が同じ日の同じ時刻に株主総会を開く。こんなことを続けていて、総会屋、すなわち暴力団との手が切れるはずがない。

91年6月28日の小糸製作所の株主総会では、社長の松浦高雄が議長席に着くか着かないうちに、総会屋から、

「こら、トヨタの雇われマダム」

「ピケンズなんかに負けるんじゃねえぞ」

「がんばって堂々とやれよ」

といった野次とも激励ともつかぬ声がとんだ。

太宰治は名作『斜陽』にこう書いている。

「世間でよいと言われ、尊敬されている人たちは、みな嘘つきで、にせものなのを、私は知っているんです。私は、世間を信用していないんです。札つきの不良だけが、私の味方なんです。

札つきの不良。私はその十字架にだけは、かかって死んでもいいと思っています。万人に非難せられても、それでも、私は言いかえしてやれるんです。お前たちは、札のついていないもっと危険な不良じゃないか、と」

ちょっと文学的なヤクザから、『斜陽』のこの一節を引いて迫られたら、経団連のお歴々や、政治家たちはどう返答するのだろうか。

私には、暴力団新法は「札のついていない不良」が「札つきの不良」を追いつめるためにつくった法律としか思えない。

（『週刊現代』92・3・14号）

## 金丸信副総裁が世界にさらす恥

### 三重野日銀総裁に利下げ迫る暴言

現自民党副総裁、金丸信は１９５３年の参院選で、故郷山梨から出た広瀬久忠の〝裏参謀〟をつとめ、選挙違反に問われた。当時、金丸は40ちょっと前。買収を指示した疑いで取り調べられた金丸は、何と、警察官が席をはずした隙に、証拠の名刺を5枚、細かくちぎって呑み込むという乱暴なことをやった。

こんな〝前科〟をもつ金丸が、また常識ではとても考えられない発言をした。2月27日の竹下派総会で、

「首相のいうことを聞かない日銀総裁の首を切ってでも公定歩合を下げるべきだ」

と暴言を吐いたのである。

金丸は2月13日にも、講演で、

「日銀総裁の判断だけで国民生活が安定するなら、首相はいらない。公定歩合をいま、0・5パーセント下げるべきだ」

といっている。

金丸には、佐川急便会長の佐川清から1億円が渡っているという話(『週刊新潮』91年3月5日号、金丸事務所は否定している)もあるが、副総理兼外相の渡辺美智雄や自民党経済調整特別調査会長の山口敏夫など、利下げに積極的な発言を繰り返す政治家はみなキナ臭い人間ばかりである。

バブルが破裂して自分たちに思うようにカネが入って来なくなったから、バブルよもう一度と、利下げを迫るのだろう。彼らにとっては、バブルはうまみのあるものだったのだ。

私は、現日銀総裁の三重野康を〝平成の鬼平〟と名づけたが、悪人を追いつめた火付盗賊改方長官、長谷川平蔵に対して、黒幕の悪代官、悪奉行が、邪魔になるからそのクビを切ると、露骨な干渉に出てきたのである。

これがいかにとんでもない発言か。さすがに閣内でも、労相の近藤鉄雄が、日銀の政策判断は正しいとし、

「金利の引き下げには反対だ。有効求人倍率は1・3倍で、まだまだ人手が足りない。失業が起きていないのに本当に不況というのか。いまこそ労働時間短縮を図り、日本経済の構造を改善するチャンスだ。銀行のサービス残業が問題になっているような時期に、また景気拡大策ばかり打っていたら、残業は増え、みんな疲れてしまう」

と反論していることからもわかるが、1985年の暮れに、当時、首相だった中曽根康弘が国会の審議で、

「内需拡大、累積債務問題解決のためにも、日米欧の先進国が協議して利下げを行うのはいいことだ」

と述べ、さらに、

「公定歩合の引き下げを決めるのは日銀総裁だが、中期的な経済政策は内閣の責任でもある」

と発言して、国際的な問題となった。

この中曽根発言には、当の日銀よりも、アメリカの連邦準備制度理事会、いわゆるFRB議長のボルカー（当時）や、西ドイツ連邦銀行総裁のペール（同）がいきり立った。それで、日銀総裁の澄田が中曽根に会い、そうした空気を伝えて、発言には慎重を期すよう、求めたことがある。

今度の金丸発言は、中曽根発言とは比較にならないほど非常識極まりない暴言で、欧米の中央銀行総裁は、一言、

「クレイジー」

というだけだろう。

こんな人間を政権党の副総裁にしておく日本国民のコモン・センスのなさが嘲笑される。

なぜ、日銀が独立性を保たなければならないか。庶民の生活にとってインフレほど恐ろしいものはないのであり、日銀は「物価の番人」として、インフレと闘う使命をもっているからである。

1981年春の参議院予算委員会で当時の日銀総裁、前川春雄は、

「公定歩合操作は日銀総裁の専管事項であるにもかかわらず、近頃、自民党の有力者や一部閣僚筋から公定歩合の引き下げについての発言が目立つが、こうした発言は公定歩合引き下げの決断の時期を遅らせ、金融政策の中立性、機動性を損なうことにもなると思う。この点についての見解は」

という社会党議員の質問に、

「公定歩合操作は正確には日本銀行政策委員会の専管事項であり、法律によってその決定権が委ねられているものである。私どもとしてもその責務を十全に果たすべく機動的に操作していくべきものと考えているが、ご指摘の通り、公定歩合の引き下げについていろいろと取り沙汰されると、企業の借り控えといったことが生じるほか、何よりも公定歩合操作の意義の一つである『意外性』ということが失われてしまうといった問題もある。

したがって、金融政策の運営を預かる私どもとしては、そのような発言については問題があると考えている」

と答えている。

## ルール無視、浪花節感覚の〝実力者〟

また、当時の首相、鈴木善幸も、

「このような公定歩合の変更を巡る閣僚等の越権発言を慎まないと金融政策の中立性や機動性が保たれないと思うが、この点どう考えるか」

と問われて、

「日銀総裁のお話の通り、公定歩合操作の権限は日銀政策委員会にある。したがって党三役や閣僚等の発言はまったく権限のない者の発言ということになるが、国民は何かそうした発言に力があるかのように錯覚するということもあろう。そこで閣議等の場で党三役等に対しても、そのような発言は慎むよう厳しく注意している次第だ」

と答弁したのである。

現首相、宮沢喜一が金丸に「厳しく注意」したという話は、いまのところ聞こえてこない。国際感覚もなく、ルールなどまったく無視して、ただ浪花節感覚で〝実力者〟となった一人の老人によって、日本は世界に恥をさらす。

いまにして私は、前川春雄が勲章を拒否したことに思い至る。拙著『男のうた』（講談社）にも書いたが、前川は、1984年に日銀総裁を退任した時、用意された勲一等を固辞し、死後の受勲も辞退するよう、夫人宛ての遺書に明記していた。その精神のダンディズムもさることながら、前川は生前、さんざん悩まされた政治家の関わる勲章をもらいたくはなかったのではないか。

（『週刊現代』92・3・21号）

# 人材使い捨て富士銀行の「未来」

## “バラ色”の就職内定者の声

3月2日の消印で、富士銀行の「92年内定者は語る」というパンフレットが送られてきた。題して『成勢声（せいせいせい）』。

「就職活動において大成功をおさめた92年内定者たち。内定者たちの勢い、内定者たちの声。それは、これからの時代を語ることでもあり、そして未来の富士銀行を語ることでもあります。これから就職活動にのぞむみなさんに、つい半年ほど前、就職活動に体当たりでぶつかっていった富士銀行の内定者たちの姿を見ていただきたいと思います。予期しなかった新しい道がみなさんに開けることを願っています」

そして、写真入りで「内定者の気持ち・行動」が「大公開」される。中に富士銀行人事部行のハガキがはさみこまれ、「当行への関心」が尋ねられている。私への差出人の名は書かれていないのだが、宛名書きの字の若さから見て、学生だろう。富士のあまりのフライングに怒って私のところに訴えてきたのだと思われる。

キイワードは「本質の追求」とかでIt’ a New Standard.なる横文字が躍っている。

これを読んで「新しい時代の基準となる銀行像や一人ひとりの個性を活かす組織づくりを追求する、富士銀行の行風を感じとっていただければ幸い」だというのだが、私などはこれを読むと、よくもシラジラしくも書けるなあと思ってしまう。

同行は、4、5年前に新入行員の大量退職で話題を呼んだが、『大銀行のわれら闇を照らす』（日本機関紙出版センター）に収録された「ノルマ果たせず自宅残業、電話代も自分持ち」といった実態を、内定者は知っているのかどうか。知ってはいても、そこまでひどくはないだろう、と思っているのかもしれない。

同書所収の報告者によれば、入行したばかりの新入行員が、

「しんどいな。眠たいなあ」

というので、

「何時間寝るの」

と聞くと、

「4時間」

という答え。

「何してんの。早よ帰したってるやん」

というと、いろいろミーティングとか、情報交換とか、勉強も大変なのだという。

それに、リクルート活動の電話かけがしんどい。相手は学生で昼いないから、当然、夜にか

けることになる。その電話代は自分持ちだとか。睡眠不足になったうえにそれだから、やりきれない。

そんな現実が待ち受けているとも知らずに、内定者たちはキボーに満ちて富士に決めたポイントをこう語る。

「自分が一番磨かれ成長できる環境（優秀な人材と自由な風土）——富士銀行にその金脈を掘りあてたような気がした」

「富士銀行から受けたイメージは、さわやかさとおおらかさ。ここなら思いきり自分の可能性をぶつけられるのではないか、と確信したのです」

これが男子の声だが、女子のそれも負けずにオクターブが高い。

「私が描いていた条件とフィーリングが、何よりもピッタリでした。〝相思相愛〟になった喜びと同時に、運命的なものを感じています」

入行後やりたいこと、については、

「世の中を動かしている。そんな実感を富士銀行では味わえるはずだ。そのためには最初からギアをトップに入れて駆けめぐるぞ！」

といったハリキリ君がほとんどだが、前掲の『闇を照らす』本では、ある行員がこういって怒っていることを伝えておこう。

「就職協定を無視して、優秀な人材を集めながら、ちょっと適性があわないと、労働者をタバコの吸いがらのようにポイ捨てするのは許せない。もっと人間らしく扱え」

## 「過労死裁判」にノータッチの富士銀労組

去る92年2月20日、東京地裁で、富士銀行兜町支店の女子行員、岩田栄をめぐる、いわゆる「過労死裁判」が開かれた。この日は、亡くなった岩田の同僚だった二人の女性が証言に立ち、残業時間をボールペンで書くと、規定を超えた分をあとで訂正する（というよりなくする）とき汚れるので、鉛筆で書くよう指導されていたとかの事実を明らかにした。

昼休みもまともにとれず、とれても20分か30分だけ。あまりに疲れて食欲もわかなかったという。そんな状態でしばしば夜10時ごろまで働く。

岩田は亡くなる3ヵ月ほど前からは夕方になると咳込み、ティッシュでたんをとっていた。それでも、休むと仲間に迷惑をかけるから、と休まなかったのである。その結果の過労死。

それで岩田の両親が銀行に労災申請のための資料を求めると、銀行は、死亡は単なる病気によるものとして、資料の提出を拒否した。それを怒って両親は訴えを起こしたのである。

小磯彰夫の『富士銀行行員の記録』（晩聲社）がベストセラーになったり、岩田のこの「過労死裁判」がたびたびマスコミに取り上げられるので、富士は焦って、早々と学生にバラ色の「内定者の声」を届けようとしたのだろうか。小磯によれば、富士銀行の現頭取は従業員組合の執行委員長経験者で、副頭取の一人も執行部出身者だという。前任の頭取も副頭取もそうで、組合は出世のステップになっている。

そんな組合だから、もちろん、「過労死裁判」にもノータッチ。かつて、同行の組合の書記長は新聞の取材に、

「サービス残業？　支部からそんな報告はあがっていません。報告がないのだからないということです」

と答えている。

最後にまた「内定者は語る」から、入行が決まった日にわいてきた思いを劇的に伝える声を紹介しよう。

「決まった瞬間、どっと涙があふれてきた。ＯＢの先輩行員の方々もいっしょになって泣いてくれた。いやはや、まるで甲子園の決勝戦のような感動の嵐だったな」

うれし涙が悲しい涙にかわることのないよう祈らずにはいられない。

（『週刊現代』92・3・28号）

## 後ろ指を指される運輸省の「口頭警告」

### 東京佐川・渡辺広康社長〝のし袋〟効果

ドーピング・テストは普通、競技者に対してやる。審判に対して、筋肉増強剤をのんでいるかどうかといったことを検査はしない。

当たり前の話だが、しかし運輸省が佐川急便に勤務実態の特別監査日を事前に漏らしていたというニュースは、運輸官僚にドーピング・テストが必要だという気持ちをおこさせる。

3月6日および3月12日の毎日新聞によれば、東京佐川急便では、運輸省の運輸局の担当職員が異動する際、佐川グループの広報紙である『飛脚』にはさんで餞別を渡していたという。社長の渡辺広康名でのし袋に入れたそれは、役職者には5万円、一般職員には3万円という〝基準〟があった。

それが功を奏してか、3、4日前に監査日を知らされ、同社では徹夜で出勤簿などをチェックし、処分は最も軽い「口頭警告」で終わった。

これは89年秋のことだが、この監査を担当した運輸省幹部は、「監査に入っても担当者がいないと困るので、いろいろ考えた末、事前に通告した。処分は甘いといわれるかもしれないが、東京佐川は改善の努力をしており、問題はないと思った」と弁解にならない弁解をしている。

その後、運輸省の内部文書のコピーが大量に同社に流れていたこともわかったのだから、この弁解はまったく通らない。

よく、ヤクザが賭場を開いている時に、鼻グスリをきかされている警官が手入れの情報を漏らし、踏み込んでみたら、もぬけのカラだったといったドラマがあるが、それと同じである。

実際に佐川で働いていた濱田洋祐が『佐川急便を内部告発する』（あっぷる出版社）で書いているごとく、ノルマで縛る佐川の働かせ方は凄まじい。

84年には、松山佐川急便でのこんな記事が報じられた。

「調べによると、児玉光一（松山佐川急便社長）らは松山市内の本社で3月30日午前零時ごろ、前日の午前6時から休憩時間を除いて計17時間20分働いていた同社の運転手(30)に対し労使間の協定による残業を含めても最高1日に15時間しか労働させてはならないのに、さらに約50キロ離れたところへ集荷に行かせた疑い。この運転手は今治市内で同日午前2時20分頃、歩行者2人をはねて死なせた。事故を起こすまでの労働時間は18時間40分だった。会社は集荷した後さらに、約100キロ行程を走るように指示しており、合わせて約24時間勤務という強行スケジュールだった」

まさに佐川の車をみたら逃げなければ殺されるという感じだが、当時、松山佐川だけでも1

年間に4件5人の死亡事故を起こしている。こんな〝走る凶器〟を礼讃する本も出ているのがオモシロイ。いや、恐ろしい。

その本は、舘澤貢次の『「飛脚」はどこへ向かって走るのか』(現代書林)。90年に出たこれの副題は「佐川急便の経営戦略と未来」。ここには東京佐川の運転手のこんな声が載っている。

「出勤するのは毎日6時半です。退社は平均して10時過ぎ頃。仕事が終わらないと帰りませんよ。夜中の12時とかになりますが、上司が早く帰れ、早く帰れ、そんなに遅くまで働かれると会社が困るんだ。こっちは、もっと働きたいのに、おかしなことだと思うんですが、会社に迷惑かけたくないのでしょうがなく仕事を切上げます」

公刊する本としての〝脚色〟がここにはあるだろう。そうでなければ、同社の運転手が「疲れが激しいので」覚醒剤を打ってまで働くはずがない。

中京佐川急便の支店長らが暴力団の幹部から入手したそれを回し打ちしていたことが発覚したのは87年の10月である。

## 籠絡され侮られる官僚たち

これは91年の12月16日の参議院運輸委員会で当時の運輸大臣、橋本龍太郎が社会党の安恒良一の質問に答えて、次のように厳正な対応を約束した後である。

「事務方の諸君から佐川急便の労働基準監督署により摘発されました内容は事前に聞いておりましたが、今委員から提出をされました資料を見まして私自身も少々唖然といたしております。こうした極めてグループとして悪質な労働基準法違反というものが労働基準監督署に摘発されましたことは極めて遺憾な事態であると考えます。運輸省としては事業監督の見地から委員の御指摘も踏まえて、できるだけ早急にグループ全社に対しての監査を実施することにしたいと思います」

質問をした安恒にも佐川マネーが渡っていたことが問題になっているが、橋本がここで早急な監査を約束しても事前にそれが佐川に漏れる仕組みになっているのだから、改善されるわけがない。すべて審判失格なのである。

89年末の参議院運輸委員会では、やはり安恒が、

「運輸省、労働省も性根を入れて徹底的な査察をするということを約束してもらいたい。いつも、はい、わかりましたといっているが、結果は全然直らないし、査察をしたという口の下から、また今まで以上のひどいことをされる。労働省も運輸省もまるっきりなめられているんじゃないですか」

と厳しく、当時の運輸大臣、江藤隆美を追及し、江藤も、

「事実関係をよくく精査致しましまして、いやしくも行政が侮りを受けるようなことは絶対にさせません」

と答弁している。

そして12月7日に佐川急便グループ会長の佐川清を大臣室に呼び、

「人様に後ろ指を指されることのないような経営をしてもらいたい」

と、それこそ「口頭警告」したのである。

しかし、佐川の野球大会に顔を出したその後の運輸大臣、大野明を含めて監督する側が「後ろ指を指される」ようなことをしているのだから、警告がきくはずがない。

江藤は「いやしくも行政が侮りを受けるようなことは」と力んでいたわけだが、佐川に籠絡されるような官僚たちを侮らずにいられるか。

（『週刊現代』92・4・4号）

# 超俗的・最高裁は企業の味方

## 「トッテモ苦しい」状況を強いる

92年3月24日付の『朝日』に、トヨタがQC（クォリティ・コントロール＝品質管理）サークル活動の会合時間を、今年の1月以降、総労働時間から除外するよう各工場や職場に指示していたことが明らかになった、という記事が出ていた。

QC活動は、製品の品質向上のため各職場で作業の改善などに「自主的」に取り組む活動だが、これはほとんど拒否できない。だから、トヨタでも残業手当を支払っているのである。

それをどうして「総労働時間」からはずせるのか。

QCの全社的なものを、トータルのTを加えて、TQCという。しかし、これは皮肉に、「トッテモ苦しい」と読むのだなどといわれている。

ちなみに、QC活動を本田技研は総労働時間に算入し、日産は「原則、除外している」という。

これで同じように競争しなければならないのだから本田に不利な気がするが、それは別問題としても、日本の労働者には、トヨタのような会社だけでなく、最高裁判所までが「トッテモ苦しい」状況を強いるのである。

ある裁判官が真顔で、

「ソープランドというのは売春をするところなのか」

と尋ねたことがあるという。

これを超俗的でいいと賞讃する人もいるかもしれないが、浮き世（あるいは憂き世）離れしていることは確かである。これが下級裁の裁判官だったとして、そのまま最高裁の裁判官になったとしたら、どうなるか。

91年11月28日の最高裁の、日立製作所による残業拒否解雇を容認する判決は、まさにこうした現実を知らぬ裁判官たちによって出された。

しかも、もっと問題なのは、彼らはすでに予断をもって「残業拒否はクビ」という判決を用意していたと思われることである。

91年秋、日本労働弁護団の調査で、1978年度から86年度までの労働関係の裁判官会同・協議会および裁判所と労働委員会との協議会の結果を集約した「労働関係民事行政事件担当裁判官会同概要集録（その三）」が少部数発行されていることが明らかになった。

「会同」とは裁判官たちの勉強会のようなものだが、最高裁事務総局が出したその資料に、「使用者は、労働者に対し、一方的に時間外労働を命じ得るか。また、時間外労働の命令に従わなかったことを理由に懲戒処分をすることは可能か」という問題が出され、次のように「協議の概要」が書かれている。

少し長くなるが、裁判官たちのアタマを判定するためにそのまま引く。

「時間外労働義務発生の根拠については、これが三六協定(労働基準法36条による労使の時間外労働協定)自体から発生するという見解が存在したが、現在これを採ることはできないものと思われる。

次に、就業規則や労働協約に時間外労働義務に関する定めがあれば足り、労働者の同意は一切必要ないとする見解がある。

しかし労働時間の設定変更のように労働の提供の基準や外枠を設定するようなことは、就業規則等によって行うことも可能ではあろうが、個々の労働者に対し、一定の場合に、当初予定している時間を超えてその労働力を提供することを義務付けるということは、本来、当該労働者の同意が必要であって、労働者の意向にかかわらず使用者が一方的に行い得ると解するべきではないのではなかろうか」

１９８５年６月、「広島・高松」とあることから、その二つの裁判所の裁判官が集まったのだと思われるが、ここまでは「序言」であり、次からがホンネである。

## "会社サマ"に逆らったらクビ

「したがって、時間外労働義務の発生には、個々の労働者の同意が必要であることになろうが、我が国の企業活動の実態や労働者の意識等をも考えると、その同意は、具体的な時間外労働の度ごとの同意である必要はなく、包括的な事前の同意であっても差し支えないといえよう。また、時間外労働はあらかじめ時期、対象、範囲等を明らかにし難いことが多いので、同意に当たって、常にこれらを特定しなければならないとすることも相当ではないように思われる。そうであるとすれば、労働契約において明示の同意がされているときに限らず、就業規則や労働協約中にある時間外労働義務に関する定めが労働契約の中に取り込まれていると認められるようなときは、それを黙示の同意として、時間外労働義務の発生を認めることができよう。したがって、現実には、三六協定が締結されて就業規則又は労働協約に時間外労働義務に関する定めが設けられている場合は、これが設けられた際に異議を述べているとか、入社時に、時間外労働についてはは包括的に同意はしないことを明らかにしているなどの特段の事情がない限り、通常は、黙示の同意があるものとみてよいように思われる」

「黙示の同意」とはいいもいったりである。現在は、労働組合がこの「黙示の同意」づくりに手を貸す。

私が春闘討論集会に呼ばれて、残業拒否による解雇を容認する判決に抗議の声をあげられないとすれば、そんな組合は必要ないと指弾したら、日立労組の所属する電機労連の幹部が、あれは手ぬき仕事に対する残業であり、特殊ケースだと抗弁した。

私はそれに、判決は独り歩きするのだ、と強く反論したが、この「協議概要」を読む限り、特殊ケースかどうかにかかわらず、最高裁はあの判決を出すつもりだったことがわかる。

「概要」はさらにこうダメを押す。

「なお、時間外労働はいわば余分な労務の提供であって、その義務があるとしても、この違反を勤務時間内に行われた服務規律違反と同一のレベルで評価すべきではないという見解もないではないが、労働義務が発生している以上、懲戒規定の適用において、時間内と時間外とを区別すべき理由はないものと思われる」

要するに〝会社サマ〟に逆らったらクビだといっているのだ。　　（『週刊現代』92・4・11号）

# 奥田敬和運輸相が放つキナ臭さ

## 北陸佐川とのフカーイ関係

佐川急便グループのワンマン・オーナー、佐川清が佐川急便の会長職を退き、代表権のない相談役に就任するという。実子の栗和田栄一がグループ6社を吸収合併する新会社の社長になるのだから、形だけの「退任」なのだろうが、同時に発表された東京佐川急便の債務保証総額は、今年1月現在の調査で約3958億円、貸付金などを含めると約5208億円にのぼっている。

先日、ある週刊誌が、

「東京佐川は、倒産寸前の企業の債務保証もしていたが、どう思うか」

と聞いてきた。

ケシカランといわせたそうな口ぶりだったが、私は、それはむしろ、東京佐川の債務保証で融資した銀行の側に問題がある、と反論した。ノンバンクを通じて融資した分を含めて、湯水のように佐川グループにカネをタレ流した銀行の責任が忘れられている。

いま、金沢の北陸佐川急便の7階に潜んでいるといわれる佐川清は、2月3日に地元誌『ア

クタス』のインタビューで、「東京佐川の一連の融資、債務保証について」問われ、

「(質問を制するように)そんなこと、あんたらマスコミの心配するこっちゃない。ちゃんと、すでに銀行が入っていますよ、三和銀行が。頭取とも会った。昨日も今日も電話がかかって来た」

と答えている。

この時は佐川は金沢循環器病院に入っていたのだが、興味深いのは、入院の理由をこういっていることである。

「マスコミのせいで入院しているんだ。あんたらがつきまとうからや。会社にいても、家にいても、取材にやって来る。それに本当のことを書かん。おれ、検察庁からいわれたんだ。『佐川さん、事件のことをマスコミにしゃべっちゃ困る。あんた、なんぼ(マスコミに)いいこといっても、悪く書かれたらしょうがないでしょう』とね。それで、警察から『佐川さん(マスコミの取材攻勢をかわすために)どこかに姿を隠したほうがいい』といわれたんだ。だから、警察、検察庁はおれがここにいることは知っている。検察庁公認で、ここにいるんだ。おれ、何も悪いことしてないのに……」

佐川清が「何も悪いことしてない」とは思わないが、「検察庁公認」で潜伏しているというのはおもしろい。

この佐川がお気に入りの金沢を拠点とする代議士で、いま、佐川と同じく身を隠したい感じの男に、奥日敬和がいる。

奥田は、小沢一郎、橋本龍太郎、小渕恵三、渡部恒三、羽田孜、梶山静六とともに竹下派七奉行といわれ、〝ケンカ屋〟のイメージで売ってきた。

早大を出て地元の『北国新聞』の記者をやっていたが、その『北国新聞』に対する影響力は、いまはライバルの森喜朗のほうが強い。

それはともかく、奥田は自治大臣の後、派閥に戻って事務総長となり、小沢一郎をかついでいる。

東京佐川の前社長、渡辺広康がスポンサーだった「小沢を首相にする会」の主要メンバーだったともいわれる奥田の、北陸佐川とのフカーイ関係が、いま、とくに地元で問題となっているのである。

現在、運輸大臣の奥田は就任直後に、

「強制収用はいつまでも待っているわけにはいかない」

と発言して、成田空港反対同盟と政府との間で実現しかかっていた話し合いに急ブレーキをかけた。

奥田は初めて衆議院に立った時、

「政治というのは、デコボコをひたすら平らにしていく、地ならししていくことだと思います。わたしは、生活の格差を解消し、弱者救済をはかり、中小企業にもっと光を当てるよう努力いたしたいと決意しております」

と演説している。

## 佐川清―三和銀行―金丸ラインにも注目

この「決意」と現在の奥田がいかに遠いか。奥田は3月17日の参院予算委員会で、共産党の上田耕一郎に、元秘書が昭和63年から平成2年まで北陸佐川急便から月給をもらっている、と指摘され、

「秘書は5年余りいたが、私の弟の会社（建設会社の治山社）からの出向扱いになっていた。佐川急便から給与をもらっていたというのは初耳。調べて指摘が事実なら、届け出をしてきっちり責任を取る」

と答えた。そして、北陸佐川の落成式や新年会に出席したことを話し、

「事件が報道されるまで超優良企業という印象を持っていた」

と感想を述べたのである。渡辺広康や佐川清とも面識があった。

すでに国会でも過重労働や脱税、さらには覚醒剤使用で何度も問題になっている佐川を、事件が報道されるまで超優良企業と思っていたというのは、あまりにひどい。

3月17日の時点で、この元秘書、中西利雄（金沢市議）は、そんな事実はない、と否定したが、19日の閣議後の記者会見で奥田が、

「地元事務所から報告があり、指摘通りの内容だった」

と認めたため、中西も、

「出所は知らなかった」

と苦しい弁明をした。奥田は、

「北陸佐川から支払われた給料は年間200万～300万円だったと思う。タニマチ的に応援してくれた」

と語っているが、これが問題なのはそれほど佐川と親しい人間が監督官庁の大臣になったということである。

現在の閣僚で、大蔵大臣の羽田孜、通産大臣の渡部恒三、そして運輸の奥田と、利権につながる主要なポストはすべて竹下派が握っている。一つの派閥がこれだけわがもの顔に振る舞うのは前代未聞だが、竹下派を背景に一度は元秘書が佐川から給与をもらっていた事実を隠そうとし、逃げられないと見て、それを認めた奥田に、地元では大臣をやめるべきだという声もあがっている。

小沢支持の奥田はもちろん、金丸信と極めて近い。その金丸は、親分田中角栄の縁で三和銀行にパイプをもつ。佐川清―三和―金丸のラインにもキナ臭い匂いがする。

（『週刊現代』92・4・18号）

# 元「波乗り記者」二世代議士の仕事

## 政界進出は〝公共放送〟に乗って

「波取り記者」というのがある。波とは電波のことで、各新聞社がテレビやFMの波を取る、つまり、新しい放送局を設置するために、監督官庁の郵政省に送り込んでいる記者を指す。彼らは記事を書くことなく、どの新聞社にもあるラジオ・テレビ本部、もしくはメディア事業本部の指令で、大臣や次官、局長等に接触し、自社の系列の電波の許認可を得るために奔走する。当然、「波取り記者」は政界に入り込むことになるが、彼らを「波取り記者」とすれば、NHKの記者たちは「波乗り記者」ともいえるだろう。

公共放送の電波に乗って顔を売り、高知県知事となった橋本大二郎をはじめ、政治家の二世でNHKに入り、その後、政界に進出した「波乗り記者」は少なくない。

自民党渡辺派の大石千八は記者ではなく「波乗りアナ」だったが、三塚派の佐藤謙一郎、宮沢派の住博司、そして、先ごろの群馬2区の衆院補選で当選した中島洋次郎と、「NHK出身の世襲代議士」は結構目につく。

彼らが親の威光でNHKに入ったのかどうかは知らないが、まだ32歳の中島は、世襲につい

て問われ、

「海外でもあると思う。政治は世襲だからいいとか悪いの問題でなく、個人の資質の問題。父(中島源太郎)も二世だが、仕事ができなかったら、7回も当選できなかったと思う。私も、世襲批判が残るようなら、自分の仕事を通して理解を得たい」

と答えている。

本来、放送法は、NHKが時の政治権力などにコントロールされることなく運営されるよう、公的規制を国会を中心として行い、行政機関の関与を必要最小限にとどめている。

しかし、『世界』3月号の梅原清レポート「巨船NHK丸——沈没から再建へ」が示す如く、実際は、政府自民党が経営委員の任命や受信料の値上げ、NHK予算の審議等に関わって、NHKに「強い影響力」を発揮している。

その「自民党権力の代理人」としてNHKを支配していったのが、前会長の島桂次だった。

「時の政治権力の一部と化したNHKだからこそ、テレビの画面でよく知られている磯村尚徳を、自民・公明の要請で東京都知事候補に送り出す。ジャーナリズムはおろか、公器を使うものの節度は、とうに失われている」

前記のレポートでこう指摘した梅原はさらに、「それだけではない。現場の政治記者がNHKの経営・人事をめぐって政界工作に走り回り、他者に軽蔑される。ここには、取材対象との緊張関係という報道の基本姿勢のかけらも見られない」とまで書いている。

そして、「NHK世論調査の政治利用」の例として、88年の間接税反対48パーセントの結果を放送しなかったことや、90年の消費税に関する調査結果の特別番組での使用中止問題と、総選挙の世論調査結果がそっくり週刊誌に掲載された不祥事を挙げている。

「視聴者のための選挙調査の結果を、政治部長自らが派閥の幹部に持ち込む。それを咎める者もいない。堕ちるところまで堕ち切っている」というのである。

もちろん、NHKの放送現場の人間がすべて、「堕ちるところまで堕ち切っている」わけではない。NHKのそうした流れに抗して、良心的な番組をつくっている人間もいる。

そんな人間たちがつくった番組を良識派が評価すると、NHKを政府自民党の「広報」のように考えている代議士たちが反発する。

## 自民党〝NHK支配〟の手足か？

2月12日の自民党総務会で、元環境庁長官の鯨岡兵輔が、NHKが昨年末に放映した岐阜県長良川河口堰の建設問題を取り上げ、

「番組を一言でいえば、建設を考え直せということだ。巨額の建設予算が無駄なカネということなら大変だ」

と述べたのに対し、島村宜伸や深谷隆司といった代議士から、

「地元住民のほとんどが建設に反対だとの印象を与える」

「不偏不党に極力注意してほしい」

「番組で紹介されたのは反対派8割、賛成派2割だった。これで不偏不党といえるか」

等の批判の声があがり、

「中身について事前に審査はできないのか」

という論外の質問まで出たという。

「公共放送といえども、政府の方針と同じことをやらなければならないわけではない」

と鯨岡はNHKをかばったが、多勢に無勢だったとか。

これを受けて総務会長の佐藤孝行は出席していたNHK会長の川口幹夫に、

「もっと公共放送としての見識を持って、しかるべき対応をお願いする」

と要望したらしい。


しかし、公共放送としての見識を失っていなかったから、この「巨大開発」を検証したのではないか。問われるべきは「不偏不党」そのものではなく、何への「偏向」なのかということである。「理念への偏向」、あるいは「自然環境への偏向」が「自民党への偏向」とぶつかる場合もある。いや、理念に偏ったら、ほとんど自民党とぶつかるのである。

自民党の中の少数良識派、鯨岡は先日、この問題について、呆れてものもいえないという感じで慨嘆していた。

鯨岡の好きな言葉に「民を貴し(とうと)となす。社稷(しゃしょく)之れに次ぐ」がある。孟子の中の一節で「貴いのは民である。社稷つまり国はその次である」という意味だという。

鯨岡によれば、これはまさに民主主義の根本の思想であり、哲学である。

大事なのは国であって、国民の命などは水鳥の毛の軽いのに等しいと覚悟せよ、と教えた戦前の思想とは根本的に異なる考えであり、民主政治の根本は、一に国民、二に国民、三に国民という政治体制だと信ずる鯨岡が「多勢に無勢」の抵抗をつづけなければならない勢力が、いま、自民党を支配している。NHK出身の二世議員は残念ながら、その手足となっているのである。

（『週刊現代』92・4・25号）

# 国歌「君が代」再考のすすめ

## 権威にかかわるという考え方の〝愚〟

4月4日の『朝日新聞』に、和歌山県の中学校の卒業式で「君が代」斉唱の直後にテレビアニメ「ドラえもん」の主題曲が流れ、式が一時中断したという記事が載った。

和歌山県那賀郡岩出町立岩出第二中学校の卒業式は今年の3月10日、午前9時半から同校体育館で行われたが、午前10時ごろ、祝辞のために校長が壇上にあがった時に「ドラえもん」が流れ、教師たちがあわてる中、生徒からは笑い声がおこり、会場は騒然となったという。

同校では、「君が代」をめぐって教員組合側と管理職が対立し、卒業式の1週間前に組合側は「君が代の押しつけ反対」というビラを卒業生の保護者全員に送っていた。

この珍事件に、PTAのある幹部は「神聖な式なのに、許されることではない」と憤慨しているというが、組合側は「まったく関知していない。極めて遺憾なこと」と、関わりを否定しているとか。

この記事を読んで、私は、作家の松下竜一が「環境権」という新しい法理念を掲げて福岡地方裁判所小倉支部に提起した「九州電力豊前火力発電所建設差止請求訴訟」の一場面を思い出した。松下は、自らランソ（濫訴）の隊長と名のる如く、軽はずみの精神をもって、この裁判を始めた。

そのドキュメントである『五分の虫、一寸の魂』（現代教養文庫）に松下は「なによりもいけないのは、シンチョウのココロにとらわれることである。いったんシンチョウあるいはシンコクのココロにとらわれた者は、もはやランソの兵としては立てぬ」と書いている。ユーモラスに松下がこう書いているのは、法律の前に「いのちき」（豊前の方言でくらしや生活のこと）ありだと思っているからである。

松下たちは、シンコクとケイシキのかたまりのような法廷を「訴訟に名を借りた喧嘩場」と規定し、傍聴人や新聞記者の面前で九州電力を糾弾する裁判を開始する。

「はっきりいおう、ぼくらは裁判長にすら裁いていただこうと考えているのではない。ぼくらが裁くのである。ぼくらが、一回一回の公判廷で直接に九州電力を裁いていくのである」

こうした確信をもって松下たち7人の原告が、弁護士も頼まずに、初めて裁判に臨んだ日、テープレコーダーで録音することを許可されて、松下がスイッチを押すと、突如、法廷に映画「荒野の七人」のテーマミュージックが鳴りわたった。機械に弱い松下にスイッチを押させて、この音楽を流し、松下たちをリラックスさせようとした支援グループの3人娘のたくらみがミゴト成功したのである。

満場の爆笑がおさまったところで、原告の一人がいう。

「どうも不測の椿事で失礼しました。しかし、私はですね。今のことで思うことがありました。今の椿事を笑わなかったのは、本法廷の中で被告席の４人（九州電力の雇った弁護士）と裁判官3人だけでした。裁判長、なぜあなたは笑わなかったのでしょう？　軽々しく笑えば、裁判長の権威にかかわるという考え方が、裁判長、あなたの心の中にあるのではありませんか。たとえば裁判長、あなたはその高い席で、急に屁をもよおしたらどうしますか。必死に怺(こら)えようとつとめるのではありませんか（傍聴席爆笑）。しかしですね、屁をひったからといって、我々は裁判長の権威が揺らぐなどとは考えないのです」

## "くらし"と"形式"の乖離に生じるムリ

こうした発言にあわてて裁判長が、

「もっとマジメにやってもらわんと困ります」というと、彼は、

「マジメなんです。我々しろうと原告団が裁判長に期待しているのは、まさに我々庶民と同じくらしの次元に根ざした感情と知恵の人であってほしいということなのです。おかしい時は共に笑ってほしいし、生理的に屁をもよおせば、遠慮なく放屁してほしい。

裁判長、本裁判の中で何よりも大切にしてほしいのは、法律よりはくらしに視点をおいていただきたいということです。我々原告7人、誰も法律に疎い者ばかりです。しかしですね、私は思うのですが、もともとくらしが先にあって、法律はあとから作られたものでしょう。つま

り、法律があるからくらしがあるのではなく、くらしがあるから法律があるのではないでしょうか」

と反論する。

くらしと法律、あるいはくらしと形式が乖離(かいり)した時、ムリが生ずる。「君が代」の君は、どんなに強弁しても、やはり天皇であり、民主主義とは合わない。かつて、この歌や日の丸を熱心に教育現場に押しつけようとしたのはリクルート印文部次官の高石某だったが、高石と同じことをやろうとするから、現場に混乱が起こる。

田中伸尚の『ドキュメント昭和天皇』(緑風出版)第7巻によれば、戦争中に各学校等に飾られていた天皇の軍服姿の「御真影」は、戦後の「平和日本」にはふさわしくないとして、撮り直そうとしたとある。

これについて、1945年11月に当時の宮内大臣、石渡荘太郎は、

「畏れ多いことながら、かかる時代には現在の御真影は不適当と拝察され、天皇御服の制定の時から新しい御写真と御替えすることに方針を決定したわけです」

と語っている。

結局、「御真影」そのものがなくなったわけだが、「君が代」はまさに軍服姿の御真影のようなものではないのか。

フランスの「ラ・マルセイエーズ」をはじめ、世界各国の国歌には市民革命や独立を記念し

たものが多い。

それと同じような歌を望むのはムリとしても、やはり「お取り替え」すべき時に来ているのではないか。

（『週刊現代』92・5・2号）

# 「素人の理想」説く賀来キヤノン会長

## 「政治献金などやめたらいい」

自民党代議士の小泉純一郎によれば、現在の選挙は高校野球に似ているという。つまり、年々プロ化し、おカネをかけて各地から選手を集めたチームが甲子園で勝つ。

しかし、稀に、公立高校がそれらのチームを破って勝ち進むこともあるのがおもしろいのだが、政治改革論議は、素人的な公立高校チームが出場する余地をひろげるのか、プロ化が進むに任せるのかという論議に似ている。

選挙にはおカネがかかることを前提として議論を進めるのが後者であり、おカネをかけない候補者が当選してくるにはどうしたらいいか、と考えるのが前者である。

私が司会をした『週刊東洋経済』3月28日号の座談会で、自民党代議士の田中秀征は、小泉純一郎の提案した月額1000万円の公的な活動費扶助について、

「そういう方向でやれば完全に解決すると思うよ。ただ、1000万円は多い。そんなにもらってもいいのかというのが率直な印象だね」

と語っていた。

選挙前のポスターのように政治家の活動の中にはムダなものがあり、納税者からいただくのなら、もっと少なくていいというのである。

これを受けて小泉も、

「1000万円が多いか少ないかにはいろいろ議論があるが、私の改革案の骨子の中で大事なことは、政治団体を一つに限る点だ。これを前提にして議論してもらいたい。今はいくつ持ってもいい。透明度を高めるなら一つに絞ることだ」

といっている。

与野党の政治改革協議会は4月17日に、政治資金制度改革問題を初めて協議し、資金集めパーティ券の購入限度額の設定などパーティの規制強化が必要との認識で、おおむね一致したらしい。27日の次回の会合で具体案を取りまとめる方向で動き出すというが、しかし、野党側が求めた企業や団体からの献金の禁止は自民党が反対して議論が先送りされたとか。

問題は、この「出す側」の財界で、プロ的な論議が大勢を占め、素人的な理想が逆に集中砲火を浴びていることである。

経済同友会の副代表幹事でキヤノン会長の賀来龍三郎が2月初めの同友会の理事会で、本気で政治改革をやろうとしない自民党に腹を立て、

「政治献金などやめたらいい」

と発言した。

これに対し、自民党のいわゆる四役は、経済四団体との懇談の席で、

「キヤノンはろくな献金もしていないくせにモノを言うな」

「素人が政治に口を出してもらっては迷惑だ」

と反論したという。

情けないのは、賀来を応援すべき財界トップが次々と、逆に賀来批判にまわったことである。まず、経団連会長の平岩外四は、心理としては理解できるが、「あまり理想を追うと逆効果になる」と、師の故木川田一隆（元経済同友会代表幹事）が聞いたら「卒倒しそうな日和見」（『選択』92年4月号）をきめ込み、日商会頭の石川六郎も、

「経済団体による献金の割合はごくわずか。それをストップしても意味があるのか」

と水をかけた。

これらに反発してか、4月7日の同友会の記者会見に出席した賀来は、

「自民党がたるんでいても、われわれ経済界が応援していたのは、共産主義というイデオロギーの脅威があったからで、ソ連の崩壊後、いまの政治のやり方自体が限界に来たと思う」

と語り、

「老人はいざ知らず、自民党や社会党の若手議員は日本をどうしようという意識を持ち始めている」

と新しい動きに言及した上で、

「真の政策を討議するという観点で新党を作り、日本の行くべき道を決めて実行に移すことが必要ではないか」

と、新党待望論を展開した。

これには、同じ副代表幹事の東ソー社長、山口敏明も同調したというが、残念ながら、既成の枠にとらわれた老人の多い財界では、これがひろがっていかない。

## 小沢一郎、石川六郎の石頭くらべ

「若さ」は、年齢だけでは判断できない。自民党のニューリーダーとされる小沢一郎のように、年は若くても頭の硬い人間もいるし、その小沢を熱烈支持している平岩外四のように、年も取っているし、「素人の理想」に感応しない人間もいる。

石川六郎は、年齢は他の財界トップに比して若いが、頭はまったく硬い。私が数年前にインタビューした時も、

「政治献金は必要です。正当な範囲で、正当なやり方で、常識的な額の政治献金をすることは、個人であろうと企業であろうと、法律で許されている。だから、それはやってしかるべきで、一つのものがけしからんから何もかも打ちどめという考え方はよくないと思います」

と若年寄のクロウトらしい発言をしていた。

しかし、クロウトもしくはプロの「常識」に任せていたから、ここまで腐敗が進んだのでは

ないか。

かつて賀来は、「持てる企業」と「持たざる企業」の格差がひろがり、経営努力以外のところで勝敗がつくことになるのを憂えながら、企業に対する土地保有税の引き上げに賛成した。

これには経団連などが反対し、財界の意見を調整しようという会合が持たれた時、賀来は、

「バラバラでは具合が悪いから統一したいというのはわかるけれども、統一するなら私の意見で統一してくれ」

と主張した。

これは見事に無視されたらしいが、今度は賀来を孤立させてはならない。

（『週刊現代』92・5・9、16号）

## 佐藤孝行と竹井博友の「考え違い」

### 「石流れ木の葉沈む」

「石が流れて木の葉が沈む」という言葉がある。物事が逆さまになっているという意味だが、世の中はまさにこうなってきたようで、私は最近、驚くべきインタビューを読んだ。

あの『経済界』4月28日号の「自民党総務会長佐藤孝行が財界の政治オンチを叱る！」である。

ロッキード事件で有罪が確定した佐藤は、ここで、経済同友会副代表幹事でキヤノン会長の賀来龍三郎の「政治改革をやらなければ政治献金を止めるぞ」という発言に噛みつき、

「具体的にみてみますと、(賀来) 会長さん自身、年間4万円、会社全体でも27万円程度なんです。それでは何か個人でやっておられるのかといえば、何もやっていない。今、会社の方は特許の問題で大騒ぎしているところでしょう。そんな状態のものだから、党などへもお話もできないんですね。献金があるなしということには関係なく、国益を推進していくというのが我々の仕事。もっと我々と接近してもらいたいんですがね」

といっている。

賀来の献金額を具体的に挙げ「口を出すならカネを出してからにしろ」といっているわけで、後段の「献金があるなしということには関係なく、国益を推進していくというのが我々の仕事」という言葉は、まったく、つけたりに過ぎない。

つまり、カネを多く出した者のいうことを聞くと、佐藤は露骨に告白しているのだ。

これに対し、賀来は、佐藤が経済4団体との懇談会の席上でも、個人的政治献金の話をしたことを難じながら、

「カネを出さない者は政治について発言するな、というのは民主主義ではない。裏返せば、カネを出せばいいのか。それは共和、佐川事件につながってくる。そういう人たちと議論したってつまらないよ」

と反論している。

賀来は、91年春に佐藤の親分の中曽根康弘の自民党復党が決まった時も、

「非常に残念。自民党内の人材不足を反映したもので、国民として嘆き悲しむべきことだ」

とズバリいい切ったが、判決が確定した犯罪者の佐藤が代議士になるなど賀来にとっては論外だろう。

最近、もうひとつ、「石流れ木の葉沈む」ようなことだと思ったのは、巨額脱税事件で逮捕された地産の元会長竹井博友が、「これからは美しく老いたい」などといって、懸命に刑の執行猶予を訴えていたということである。

4月27日の東京地裁の判決では、懲役4年、罰金5億円がいい渡され、情状酌量を訴えた竹井の作戦は成功しなかったが、その竹井は親しかった野村証券前会長、田淵節也との対談(竹井出版で出している『致知』の86年10月号掲載)で、田淵に、

「私の知ってる野村証券の中堅幹部が子会社に行きましたが、もうちょっと人間としての幅が彼にできるとよかったなあと思いました。残念ながら、一般教養を身につけず大人になっちゃったかなあ、という印象を受けたんです」

などといっている。

夫子自身が留置場で「一般教養を身につけ」て「大人」になったのかどうかは知らないが、先日の判決で裁判長の松浦繁は、直立不動の竹井に、

「美術館設立の志はよかったかもしれませんが、その名画が曇るようなことが行われたことは残念です」

と声をかけたという。

情状作戦は、かつて、自分がモデルとなって書かれた梶山季之の『生贄』(徳間書店、絶版)を訴えたデビ夫人が使った。

このとき、梶山の弁護を買って出たのが弁護士で作家の佐賀潜だが、佐賀は、東京地裁に化粧っ気なしの、うちしおれた姿で現れたデビを見て、

「裁判官の同情を得ようというのか。陪審制のある外国では有効な手段だけれども……」

と思ったのだった。

## 留置体験の先輩・江副浩正の忠告

ところで、同病相憐れむというか、おなじく留置体験をもつ「御学友」ならぬ〝御獄友〟の結束は固いようで、先日のリクルート裁判で、リクルート前会長の江副浩正が竹井に懇切なアドバイスを送っていたことが発覚した。91年5月31日付のこの手紙は、竹井が逮捕される直前のものである。

〈冠略　失礼申し上げます。昨日は私の事務所にお越しいただき、ありがとうございました。本日、私の弁護士と貴台の件について話をいたしました。同弁護士はリクルート裁判の弁護団21名の中で一番アイデアがあり、法律家であると同時に戦略家でもあると私は感じている弁護士であります。

同弁護士は貴台の件について「結論的には裁判を引っ張りに引っ張って、長びかせることでしょう」とのお話でございました。

(中略)今回のことで、命までとられるわけではありません。大切にすべきは、健康な身体だと思います。くれぐれもご自愛下さり、これを転機に太く長く生きられるようお祈り申し上げております。　草々〉

竹井は結局、江副の忠告に従わなかったわけだが、私がもうひとつ、竹井に関連しておかしいと思うのは、竹井が世話人となり、前記の田淵節也や経団連会長の平岩外四が選考委員となっていた「安岡正篤賞」がどうなったのか、誰も何もいわないことである。

少なくとも、安岡の弟子を自任する平岩は、それについてきっちりと説明する責任があるのではないか。うやむやのなしくずしは、公人の財界総理として許されないだろう。平岩は賀来発言を「あまり理想を追うと逆効果になる」とたしなめただけになおさらである。

（『週刊現代』92・5・23号）

# 斉藤大昭和製紙不名誉会長の金銭感覚

## 240億円は「多少のお金」

5月1日、今年の「長者番付」（高額納税者ランキング）が発表された。91年トップだった大昭和製紙名誉会長の斉藤了英は、

「むしろ心配なのは来年。また30番台に逆戻りするわけにはいかない。せめて10番か15番を保っていなきゃ。どうやってカネをつくろうかと、いまから考えている」

などといっていたが、今年も4位。「10番か15番」どころか、シングルの順位である。

この名誉会長ならぬ不名誉会長が240億円もの大金を出してゴッホとルノワールの絵を買い、世界のヒンシュクを買った時、ビートたけしは『世紀末毒談』で、こう弁護した。

〈大昭和製紙の社内からは、絵画にそんなに金をかけんなら、社員のボーナスをもっと、あげろって怒られてるらしいけど、当の会長（名誉会長）のほうは「オレの金で好きな絵を買ってどこが悪いんだ」って、開き直ってるのがまた、笑っちゃうんだよな。「今後も気ままに買うぞ」だって。庶民なんて全然相手にしてねェんだものな〉

しかし、「オレの金」がどのようにして蓄えられたかが問題なのである。

山本茂の『地方王国の盛衰』（プレジデント社）によれば、斉藤了英の個人資産の管理・運用会社として大昭和愛鷹があり、大昭和製紙の筆頭株主となっているが、この会社は大昭和製紙に巨大マシーンを貸すリース業を主たる業務とし、大昭和の利益が上がると、この愛鷹がリース料を値上げしてこれを吸い取り、親会社の法人課税を軽減させる。

愛鷹は機械購入で莫大な借入金を背負っているから、法人税の負担は少ないはずで、つまり、「黙っていても親会社の大昭和製紙の儲けが斉藤（了英）父子（了英の長男が大昭和製紙現社長の公紀）のポケットに入ってくるシステム」になっている。

ちなみに了英は弟たちとも仲が悪く、大昭和愛鷹の役員は息子たちと腹心だけである。

それも知らずに、たけしはノーテンキにこう続ける。

《金を儲けるのが悪いことだという世の中の風潮ってのがよくわかんねェんだよな。金を儲けるためには、それなりに努力してるわけだし、泥棒したり、不正で儲けたのならともかく、努力して儲けた自分の金をどう遣おうと勝手なんだよな。金の遣い方なんてものは、そいつの価値観の問題なんだからさ。他人からいちいちいわれる筋合いはないんだっての》

たしかに、斉藤了英も「努力」はしているのだろう。しかし、たけしが次のようにいう「貧乏人」ほど正当な努力をしているのかどうか。

〈貧乏人は大切な金の遣い方を知らねェから、いつまでたっても貧乏なんで、一方、このおじさんは、ムダ遣いをしないから、これだけの財産が築けたんでね。貧乏人はそこんとこを見習

わなくてはいけねェんだっていうの〉

了英の次男で静岡2区選出の代議士の斉藤斗志二は、父親が絵を買って騒がれた時、

「あの人はお金をいっぱい持っているんです。なにしろポケットがたくさんあって、今度のお金がどのポケットから出たか誰にもわからないけどね。オヤジも二等兵で満州に行ったりして、さんざん苦労してきたんだから、趣味に多少のお金を遣うのも生きがいとして許してやってほしいな」

といっている。この父子には、240億円は「多少のお金」らしい。たけしのような弁護人がいるから、了英はこれからも「他人からいちいちいわれる筋合いはない」として、「オレの金」を使い続けるだろう。

## 「権力亡者」のビラまでまかれて

〝大昭和のマルコス〟といわれる了英は3年前の春、親しい人に親指を突き出して、

「今度、コレを変えるからな。ゴルフ場の三つや四つぐらいすぐできる」

といったという。コレとは静岡県富士市の渡辺市長で革新の環境保全派だったこの市長を、了英はさまざまな手を使って前市長とした。

この市長選で了英は、「斉藤一族の中心たる斉藤了英は金と権力で富士市、静岡県、また国までも牛耳ろうとしている権力亡者であります。また彼は人妻に手をつけ、今でもその家庭を崩

壊させている事は週刊誌でも再三採りあげられた通りであります」というビラをまかれている。

91年秋には、了英が子会社を使い、本州製紙株をめぐる仕手戦に便乗して、巨額の利益を得たことがわかった。

その一方で、『日経』のインタビューに対しては（91年9月5日付）、

「借入金はグループ全体で六千億―八千億円ぐらいか。たいした額ではない。金利も低下傾向だ。借金しないと企業は伸びないと信じてやってきた。業績に関しては他社も実質赤字。社員には年間四百億円の赤字を出してもガタガタするなといっている。当面は決算対策のため少しずつ資産を売却する」

などと「展望」を語っている。

役員のほぼ3分の1を斉藤一族、中でも了英父子が占め、苦しくなると、工場を売ったり、社員を削減したりする。これでは「経営者」などとはいえまい。

先日、ヤマハの社長、川上浩が辞任した時、私はこの世襲経営の破産を、同じ静岡県の〝大昭和のマルコス〟はどう考えたか、と思った。

ヤマハの場合は、まだ役員陣に川上一族でない人間がいて、リリーフに立った。しかし、大昭和の場合は長男が社長、三男、四男が専務といった具合である。

長者番付は大体、一貫して虚業家の土地成金が上位を占めてきた。そういう意味では、一見、実業家の斉藤了英も彼らと同じ〝バブル経営者〟なのである。

（『週刊現代』92・5・30号）

# 伊藤淳二鐘紡会長が敷く〝恐怖政治〟



## 鐘紡トップ人事の不明瞭

まわりくどいことをするものである。鐘紡では5月26日に、社長の石沢一朝がいったん副会長に就任し、6月26日の株主総会後に会長となる。会長の伊藤淳二が取締役を退任して名誉会長となってから、石沢が会長になるわけだが、副社長の永田正夫は5月26日に社長に就任するのだから、ややこしい話である。

すべてこれは、名誉会長ならぬ不名誉会長となる伊藤を第一に考えるからで、1968年に45歳で社長のポストに就いて以来、およそ25年も鐘紡を牛耳ってきた伊藤は、年齢はまだ70歳と若くても「老害」以外のなにものでもない。

最も驚いたのは、社長に腹心、というより〝忠犬〟の永田を指名したことで、永田は社長内定後の記者会見で、

「入社以来歩き方まで伊藤会長に教わった。会長を尊敬している」

とゴマをする始末。

それにはさすがの伊藤も、苦笑していたというが、日本航空の会長になって、雑誌『経済界』

の主幹、佐藤正忠を仲介人に、日航現社長（当時は副社長）の利光松男に「殉死契約書」を出させた伊藤としては、まんざらではなかっただろう。

「私は伊藤淳二会長を経営の師と仰ぎ、いったんことが起きたら殉死することを誓います」

佐藤の画策したものとはいえ、こんな気色の悪いものを出されて平気で受け取る伊藤の神経は異常である。署名捺印させられた利光こそ、いい面の皮だった。

そんな伊藤だから、86年夏に出されようとしていた伊藤批判の本を部下が全冊買い占めるといったことをする。

日航ジャンボ機の墜落から1年後のその年の8月に発売予定だった『日航機事故を利用したのは誰だ』という本1万5000冊を、鐘紡が発売前に買い占め、裁断処分したのである。当時伊藤は日航の会長で、その本には、伊藤の日航での労務対策を批判する部分があった。

伊藤は日航会長になっても鐘紡の社長はやめなかったのだが、その買い占めを陣頭指揮したのが、今度、鐘紡社長になった永田正夫なのである。

この事件をスクープした86年9月3日付の『日経』で、伊藤は、

「本を買い取ったということはごく最近、永田専務（当時）から聞いた。内容に間違いがあるので筆者と話し合った結果、出版しないとの合意ができたが、すでに製本の段階だったので買い取ることにした、とのことだ。むろん私の指示ではないし、買い取り価格など詳しいことは全くわからない」

と語り、当の永田は、

「本の買い取りは私の一存で決めた。役員会にもかけていないし、伊藤会長にも事後報告しただけだ。日航にも相談していない。これは最初に見せられたゲラ刷りの部分が鐘紡に関するものだけで、あくまで鐘紡の問題として対応したからだ」

とコメントしている。

永田は著者の福田博幸と会い、版元の青山書房社長、佐藤徹とも会って、

「鐘紡が全冊を約1000万円で買う」ということで話をつけたという。

これについて、『週刊現代』86年11月15日号には、警視庁詰め記者の次のような指摘が載っている。

「永田専務の個人的判断でやったということになっていますが、誰もそう信じる者はいないですよ。知ったその日に出版社へ行って、すぐ1000万円で買い取る交渉が成立し、たちまち処分したなんてことはあり得ません。まして日航のことを書いた本をなぜ鐘紡が買い取る必要があるのか。それに、永田専務が鐘紡の業務に全く関係のない日航のことを書いた本に1000万円使ったとなれば、これは背任の疑いもある。もし伊藤会長が関与していれば、伊藤会長も同罪に問われることになります。警視庁も関心を持っていることはたしかです」

まさか、永田はこのときの論功行賞で社長になれたのではあるまいが、不明朗な話ではある。

## しがみついた会長のイス

同じ年の6月19日号の『週刊新潮』では、日航のある幹部社員が、

「正直いってあの人（伊藤会長）はやたらに権力意志の強い人で、鐘紡の会長のイスを手放さないのも、一度手に入れた権力にしがみつきたいからでしょう。とにかく、人事権を握ってますからねぇ。山地社長なんか、筆頭副社長、いや秘書課長みたいですよ。いまのままでは伊藤氏に尻尾を振るヤツだけが出世して、彼の意向に逆らうヤツはクビを切られる。まるで恐怖政治になりそうです」

と発言している。

その後、伊藤は日航の会長を解任されたわけだが、鐘紡の会長はやめず、こちらでは〝恐怖政治〟を続けて、背任まがいのことをやった茶坊主を社長にしたことになる。

こんな伊藤を、ある雑誌の対談で持ち上げているのが、ソニー会長盛田昭夫の夫人、良子。伊藤は、城山三郎が伊藤をモデルにして書いた小説『役員室午後三時』（新潮文庫）が不満で、「親しくしている山崎豊子さん」にそういったら、山崎は「モデルを扱う場合はその人を直接知るのが原点だ」と語り、「伊藤さんは一度、城山さんに小説で迷惑かけられていることを話されたらどうですか」といったという。

これを受けて盛田良子は、

「私、あの本を読んで(中略)伊藤さんは、これからまだバリバリなさる方なのに非常に悪い印象を与えて……。私、何もおっしゃらないのかと思って、ずいぶんご迷惑がかかったんじゃないかと思いましたけれども」

と同情している。自分も「お会いするまで、こわーい人かと」思っていたというのだが、茶坊主を生む恐怖政治をやる人間が、「こわーい人」でないはずがない。

(『週刊現代』92・6・6号)

# 中内㓛と江副浩正の〝梟雄の握手〟

## 「リクルート創業者」の自社株ツマミ食い

「リクルートの風土がダイエー化するとは思わない。私とリクルートとの心のつながりも変わらない。社員はわかってくれるはずだ」

自分の所有する株をダイエーに売り渡すことを発表したリクルート前会長の江副浩正は、5月22日夜、『日経』の記者に対してはこう答え、『朝日』の記者に対しては次のように答えている。

「社員皆経営者を方針にしてきた私が保有株を売るわけで、社内には快く思っている人は一人もいない。再びリクルートに迎えられることはないと思う」

同じ夜のそう時間差もないと思われる二つのインタビューの答えには明らかに矛盾があるが、それよりも、同日の午前に行われた記者会見での、

「今回のことでリクルートの社員の受けるショックを思うとき、胸が張り裂けるようなものがある」

という江副発言ほど、リクルートの社員にシラジラしく受け取られたものはないのではない

か。

ある中堅社員は、

「リクルートは江副さんひとりでつくってきたのではない」

と、それこそ「胸が張り裂けるような」思いを、一言のセリフにこめた。「社員皆経営者」とか、「私とリクルートとの心のつながり」とかいうコトバが、いかにまがいものであったかを、創業期からリクルートを支えてきた幹部社員はイヤというほど知らされただろう。

リクルートの社内報『かもめ』4月号の「あとがき」に「やっぱり似ているこの二人」として、江副と、先ごろの冬季オリンピックで金メダルをとった同社スキー部の三ケ田礼一が並んだ写真が載った。

〝復権〟は早すぎると眉をひそめる社員もいたというが、それからあまり時をおかない今度の株売却発表の報に接すると、江副は自分に都合のよいところだけで「リクルート創業者」という立場を利用していたのだな、と思わざるをえない。目立ちたがり屋のツマミ食いである。

江副は1988年3月31日付の『日経連タイムス』に「リクルート会長」の肩書で「私の座右の銘」について書いている。それは「窮すれば変じ、変ずれば通じ、通ずれば久し」だという。その言行が変わることとも関連して、いまとなってみれば非常に興味深いので、次にそのまま引いてみたい。

〈易経に「窮すれば変じ、変ずれば通じ、通ずれば久し」という言葉がある。窮すれば工夫し、工夫すれば運命も拓けることから、「窮すれば通ず」と要約されることもある。

創業して今年で28年になるが、私の事業展開にこれほど適した言葉もない。しかし、昨今感じることは、この要約では、半分の真理しか言い得ていない、ということである。もうひとつの真理は、やはり「通ずれば久し」にあると思う。

人は窮地に立ったと感じた時に、限度を超える力を発揮し、そののちは、その人の持てる力となる。つまり、窮地をくぐり抜けた分だけ経営者としてのステージを高められるのである。私が窮地に正面から立ち向かうのも、時に自らを窮地に追い込むのも、この易経の言葉に学んだからに他ならない〉

リクルートはニュービジネスといわれるが、江副自身の体質は決して新しいものではなく、このコラムに書いてあるように、「新年に役員そろって明治神宮に参拝するのがここ数年のならわし」だというなど、その精神において実に古い。

これを書いた88年には、明治神宮の神官から、「かたしとて思ひたゆまばなにごとも　なることあらじ人のよの中」という明治天皇の御製をもらって喜んでいる。

江副が株売渡しの相手にダイエー会長兼社長の中内㓛を選んだところにインタビューでのシラジラしい答えを裏切る意図が露出している。

江副と中内は、共に梟雄（きょうゆう）（平気で味方の寝首を掻く人）であり、今度のドラマは梟雄の握手である。

## 本質的同類のアブナイ企業

5月22日夜のテレビ朝日の「ニュースステーション」で、私はダイエーを「えげつないビジネスをやるえぐい企業」といった。

ダイエーについては忠実屋を傘下に入れる過程でも、さまざまにダーティな噂が流れたが、90年12月20日号の『週刊新潮』では、「福岡ツインドームシティ」の建設をめぐる「企業の私物化」がとりあげられた。中内の次男の正が所有するペーパーカンパニーの「ダイエー都市開発」がからんで、その「背任的行為」が問題とされたのだが、私がそれに、

「中内社長は、小売業であそこまで来たんじゃなくて、土地の利用に長けていて、のしてきた男です。土地絡みのことではとかくやる事がキナ臭く、今回の話はダイエーが、どうやって大きくなったかの脈絡の中で考えた方が良いでしょう。彼は以前自分の著書の中で、出店する際、出店に必要な二倍の土地を買い、ダイエーが来るということで地価を吊り上げ、買い入れた土地の半分を売って次の出店の資金を稼ぐといってましたが、それがまさしくダイエーの強さだったのです」

というコメントを寄せると、すぐに「書留」で、「今回の福岡プロジェクト等につきましては、充分ご理解をいただいていることと思いますが、念の為に別紙の通り経緯をご説明させていただきますので、何卒ご理解を賜りますようお願い申し上げます」という手紙をよこした。中内

切の名での手紙は同じようにコメントを出した龍谷大教授の奥村宏にもやったらしい。

それはともかく、やはり、リクルートコスモスという不動産業で大きくなったリクルートと、土地をテコにして躍進したダイエーとは、その本質において同類企業なのであり、アブナイ企業が一緒になったというべきである。

(『週刊現代』92・6・13号)

# PKOをめぐる暴力団的政治家の言動

## 「社会党ほどバカな政党はない」

寺山修司ブームだという。

マッチ擦(す)るつかのま海に霧ふかし
身捨つるほどの祖国はありや

彼はこう歌った。一身をなげうって命を捨てるほどの祖国はあるかという寺山の鋭い反問を、軍事力による国際貢献を説く〝識者〟たちは「感傷論」と斥けるだろう。

しかし、その識者たちを引き連れた自民党の実力者は「(それに反対する)社会党ほどバカな政党はない」(金丸信)、「みせしめのために解散だ」(渡辺美智雄)、「この時代に、物理的抵抗をしてでも(反対する)というのは、弱肉強食の畜生の世界と同じだ」(小沢一郎)と脅迫的言辞を弄して、感情ムキ出しの議論を展開している。

5月29日の『朝日新聞』「声」欄に、弁護士の中島通子が、26日に開かれた参議院の公聴会に公述人として出席した際、「武装自衛隊の海外派遣は憲法違反」といいかけたとたん、一部自民党議員のヤジと罵声で発言を妨げられたと書いている。

「傍聴席からのヤジも気になったが、目の前の議員の怒号、嘲笑には、ほんとうに驚いた。これが重要法案を審議している国会の姿なのか。

自衛隊そのものの違憲論を別としても、少なくとも自衛隊の海外派遣は憲法上許されないという自衛隊発足以来一貫した政府見解を変更し、解釈改憲が行われようとする国会で、違憲論がヤジで封じられる事態に恐怖すら感じた」

中島はこう続けているが、これではＰＫＯ法案を強引に通そうとする自民党（そして公明、民社）は、映画監督の伊丹十三を襲った暴漢と同じ、といわれても仕方がないだろう。

哲学者の久野収は、ＰＫＯ（Peace Keeping Operations）のＯは、外科の手術などのオペであり、作戦の意に他ならず「平和維持活動」などと訳すのはごまかしだと主張する。作戦なのだから、それはＰＫＦ（平和維持軍）と切り離すことはできない。ＰＫＯとＰＫＦは一体のものなのである。

ＰＫＯ法案に固執する人たちには、平和維持といえば軍事力によるしかないとする短絡思考が存在する。

「山のこだま」という歌をもじって久野が喝破するごとく、

〽防衛と呼べば軍備と答え
協力と言えば派兵と答える
短絡思考のかなしさよ

である。

軍事制裁よりは経済制裁が有効なのであり、軍事協力よりは非軍事的協力の道をさぐるべきである。

ヤジと罵声、怒号と脅迫によって、金丸、渡辺、小沢を中心とした人間たちがＰＫＯ法案を通そうとしている現在、私は強くそう思う。

そんな暴力団的政治家の応援団ともいうべき人間の気負った本が出た。阿川弘之の『国を思えば腹が立つ』（光文社）である。

阿川には『国を思うて何が悪い』と一人でそっくり返っているような本もあり、『山本元帥！阿川大尉が参りました』と、その大仰さにこちらが気恥ずかしくなる本もあるが、『国を思えば腹が立つ』では、こんなことをいっている。

「朝日とか毎日とかは、要するに社会党左派の機関紙みたいなものなんでしょう。それでいて、表向きは不偏不党を装っている。一日も早くつぶれてくれた方がいいと、かつて私がコメントした理由は、それなのです。人の頭を偏向させて、しかもニュートラルだと信じこませる公害新聞ですよ。公害問題を引き起こした企業に対し、製品の不買運動をやることが認められるなら、ああいう公害新聞に対しては、私ども言論人有志が不買運動を起こす権利がありそうに思うけれど、そうすりゃつぶれるのも少しは早まるだろうけど、もしほんとにそんなことをやったら、言論の弾圧、筆の暴力と騒ぎ立てるでしょうね。自分らの方がよっぽど筆の暴力使ってるくせに……」

## 作家・阿川弘之の問題点

阿川の娘の佐和子と私は面識があるが、こんなコチコチの石頭のオヤジをもって彼女も気の毒である。

「愛国心は悪党の最後の隠れ家である」という言葉があるが、阿川など、自らを悪党と意識しない、最も始末に困る悪党というべきだろう。

先の、中島通子の公述発言に対する怒号をみるまでもなく、「言論の弾圧」をやっているのは、朝日や毎日、あるいは社会党ではなく、自民党や暴漢なのである。それがわからないとしたら、阿川は「偏向」した頭の「公害人間」というしかない。

阿川はまた、「ごくごく近年まで婦人に参政権を与えなかったスイス人の叡知に脱帽したい」ともいっている。

「敗戦後、新しい日本の理想とすべき国家として、永世中立国スイスを考える向きがあったけど、その永世中立国は国民皆兵、軍事訓練きわめてきびしく、婦人参政権など、第二次大戦後も長く認めていなかったというのは、参考として充分心得ておいていい事実です」というのである。

しかし私は、阿川弘之より女性たちのほうが、ずっと冷静な判断力をもっていると思う。

阿川は、「久野収という、やはり大変左がかりの学者」を、谷沢永一がからかっているのを読んで「我が意を得る思いをした」そうだが、その谷沢は私が谷沢を痛烈に批判したのを知っていて、自分がホストをつとめる雑誌の対談のゲストに私を招き、のっけから、

「私なんか、経済小説と聞くと作者の名より佐高さんを思い浮かべるくらいお名前が通っておられ、最近は特に各誌でご活躍ですね」

と気味が悪くなるくらい持ち上げた。いわば、同じ本の中で、「信用できない」として阿川が批判している大江健三郎が阿川を礼讃したようなものである。私はそんなオダテには乗らず、その後も谷沢を切っているが、単純な阿川は一度ほめられたら、その気になるかもしれない。

（『週刊現代』92・6・20号）

## 理念なき〝合体〟した公明党の「犯罪」

### 国際平和より連立政権ありき

92年6月6日、日本ジャーナリスト会議主催の「この『日本病』をどうする」というシンポジウムが行われた。

パネリストは毎日新聞論説委員の岸井成格、横浜国大教授の岸本重陳、日本ジャーナリスト会議代表委員の斎藤茂男、立教大教授の高畠通敏、朝日新聞調査研究室副室長の為田英一郎、それに私である。

最初に岸井が、自民党は結党以来37年間、最高意思決定機関である総務会で「全会一致」を貫いてきた。どうしても反対という人間は前日に〝病気〟になり、「病欠」という扱いにしてその原則を崩さなかったという興味深い話を披露した。

そして、こうした「和の政治」ではこれからはやっていけないと問題提起したのだが、それを承けて私は、ニューヨーク市立大教授の霍見(つるみ)芳浩がよく使うジョークを紹介した。

豪華客船が難破し、闇夜に乗客が放り出された。折悪しく、その客船には救命ボートが一隻しかなく、女性と子どもが乗ると、いっぱいになってしまう。それで男たちは暗い海に漂って助けを待つことになった。

国際化時代を反映してか、その船には、アメリカ人、イギリス人、イタリア人、ドイツ人、そして日本人の男たちが乗っていたのだが、それぞれ、どうやって海に飛び込むことを納得させるか。霍見はこう〝指令〟を発する。

イギリス人に対しては、紳士(ジェントルマン)ならみんな海に飛び込むといえ。イタリア人に対しては、飛び込むなといえば、みんな飛び込む。ドイツ人に対しては、船長(キャプテン)の命令だといえばいい。アメリカ人に対しては、みなさんには保険がかかっているといえば飛び込む。では、日本人に対してはどういえばいいか。他のみなさんはおそろいで飛び込んでいますといえばいいんだ。すると、みんな、あわてて飛び込むだろう。

このジョークについて、為田は、いまからわずか3年半余り前の1988年11月の国連総会で、国際的な平和と安全に関する決議案、つまり、国際紛争の解決に武力を行使しないという決議案が提出され、日本はアメリカ、イスラエルと共に反対にまわったことを紹介しながら、「他のみなさん」というより、アメリカが飛び込んでいるといえばすぐ飛び込むのではないか、と発言した。

この時は賛成97、棄権45、反対3でその反対の3ヵ国がアメリカとイスラエル、そして日本だったというわけである。翌年、同様の決議案の採決でアメリカが一転して賛成に回ると日本も追随した。

しかし、そのアメリカを代表する新聞の『ニューヨークタイムズ』もこの4月20日には、次のように指摘しているのである。

「なぜブッシュ政権は、それほど頑固に、日本が第二次大戦後初めて海外に軍隊を派遣することに固執するのだろうか。(中略) アメリカの世論がグローバル・パワーとしての日本の登場のあかしとして、日本がそうした活動に参加することを主張しているとアメリカが考えているからだ。(中略)しかし日本はこれまでも、そして現在も、その国際的責務をよりベターなやり方、すなわち非軍事的なやり方で果してきたし、現に果している」

97対45対3の3は、自民党と公明党と民社党ということもできるだろう。自民党がアメリカで、宗教色の強いイスラエルが公明党、そして、あっちに行ったり、こっちに行ったりの日本を民社党にたとえることもできるが、何といっても、公明党の変身がひどい。これは「変身」などというナマやさしいものではなく、「犯罪」である。

6日のシンポジウムで岸井が衝いた如く、公明党には国際平和とかに対する理念も何もなく、自民党との連立政権を成立させるにはどうしたらいいかという考えしかなかった。はじめに、自公連立政権ありきで、リクツはあとからである。

## 自民党も気くばる〝与党〟への道

5日、6日の攻防の過程で、公明党書記長の市川雄一が、

「なれ合いとはいわないが、自民党の社会党への配慮が過ぎる。割り切れないものを感じる」

といい、自民党国会対策委員長の梶山静六が、

「PKO法案の通過が遅れたら、ここまで付き合ってくれた公明党を裏切ることになる」

と心配したというのも、完全に公明党が野党ではなく与党になったことを裏づける。公明党に推されて参議院議員になった中西珠子が、ブラジルで開かれている「地球サミット」に参加しているため、PKO法案に反対の意思表示ができないことを悔しがりながら、

「アジアに対して、日本は虐殺行為をした。カンボジアをはじめ、アジアの人たちはだれも自衛隊に来てほしいとは思いませんよ」

といっている。

こうした声を明らかに公明党は切り捨てたのである。創価学会と日蓮正宗本山との問題などもあり、創価学会と公明党はいまや危機的状況にある。

それを背景にして、公明党は今年の活動方針で、こう居直った。

〈今や日本の政治は公明党抜きでは一歩も進まない。それは公明党が参議院でキャスティングボートを握っていることによる。参院でキャスティングボートを握り、政策の決定権を握ったということは、衆院をも支配していることを意味する。われわれ公明党は統治党的責任を自覚しなければならない〉

「統治党的責任」などという慣れない言葉を使ってまで、公明党は「政権与党」への道に踏み

切った。野党から与党への〝先駆者〟には野末陳平がいるが、公明党は陳平の後を追って、いや、それよりも醜悪に自民党と〝合体〟した。それを創価学会の青年部や婦人部は追認するのか。もし彼らが追認しても、私は認めない。

（『週刊現代』92・6・27号）

# 「日本優越主義」に根ざすＰＫＯ法案

## 差別する日本人の国際進出

6月11日の『毎日新聞』に、6日付の『朝鮮日報』に掲載された東京特派員のコラムが転載された。

それによると、長野県の大衆浴場が外国人の出入りを禁じる立て札を出したという。繁華街で働く女性たちのアパートが、すぐ隣にあるからで、こうした話はこれに限らず、「エイズにかかるかもしれない」と、東南アジアの女性たちの入浴は毛嫌いされているのである。

この事実を指摘したうえでの東京特派員の批判はきびしい。

「こんな日本が、東南アジア人のためにという名目で、ＰＫＯ法案を通過させた。一緒に入浴もしないほどさげすんでいる人たちを助けようと、47年ぶりに軍隊を動員して国際貢献をしようというのだ。

問題はＰＫＯ法案の強行処理も、銭湯の立て札も『日本優越主義』という同じ根に根差していることだ。平和的貢献が目的なら、いま日本で働いているアジア人に、銭湯ぐらい思うように使わせてあげることから始めるのが順序ではないか。外国人を差別する日本人に国際貢献を語る資格はない」

この鋭い指弾の声をＰＫＯ法案を強引に通し喜んでいる自民、公明、民社の3党の議員と支持者はどう聞くのか。

たとえば自民党政調会長の森喜朗が6月5日に早大でやった講演で、

「横浜の寿署管内には１５００人くらいの韓国から来た労働者がいる。ベトナム戦争に参加しているから銃を撃つことは不慣れではない。１０００人くらいまとまれば、大変な軍事行動が出来ると言われている」

と発言したのは、「外国人を差別する日本人に国際貢献を語る資格はない」という批判を裏づけるものであり、関東大震災の時、差別し虐待していた朝鮮人からの報復を恐れて、多くの朝鮮人を虐殺した日本人と同じ精神構造を森はもっていることを示している。

公明党を「コウモリ党」とした先週の本コラムの楠のイラストは秀逸だったが、まさに公明党はコウモリと化して変身した。ちなみにコウモリは「視力は鈍いが、聴覚が鋭敏。昼は暗い所に潜み、日暮れに活動する」という。

91年の9月3日に開かれた公明党ならぬコウモリ党の中央委員会で、わずか1年前の90年に反対したＰＫＯ法案に今度は賛成することを批判された書記長の市川雄一は、

「外交とか、安全保障というのは、国際情勢が激変していけば、考え方が変わってくるのは当然でしてね。激変しても考え方が変わらないというのはおかしいわけですよ」

と薄ら笑いを浮かべた感じで答え、

「変わったんじゃなくて成長したとご理解いただきたい」

と居直った。

たしかに、コウモリも「成長」はするのだろう。しかし、たとえ「成長」しても、コウモリはコウモリである。

こんな人間たちによって、ＰＫＯ法案は国会を通過させられた。

つまり、平和(Peace)をKnock Outする人間たちによって成立させられたわけで、とても平和維持活動法とはいえない。

戦争中に日本の侵略を受けたシンガポールのリー・クアンユー元首相は、これを「アル中患者にウイスキーボンボンを与えるようなもの」と喝破している。旧満州（現中国東北部）に生まれ、母親から日本の横暴を繰り返し聞かされたという社会党代議士の伊東秀子は6月11日、衆院特別委員会での質問を阻まれたが、

「(自衛隊のＰＫＯ参加を)アジアの人が、国連の帽子をかぶった皇軍、というのも当然なんです」

と憂いを深める。

この時、伊東の胸には、2月19日に予算委員会で質問した従軍慰安婦のことがあったに違いない。

## めざすべきは大国より〝良国〟

これまで一貫して政府は軍の関与を否定してきた。しかし、いろいろな資料が出てきて否定しきれなくなり、ようやく軍が「組織的、計画的に慰安所を設置していた」ことを認めたわけだが、民族差別の上に立ったその問題について、伊東はこう追及している。

「植民地支配をしてきた朝鮮半島の女性を強制的に、あるいは軍隊の方々の炊事とか洗濯とか身の回りの世話をするのだとか、あるいは兵器工場で働かせるのだというふうにだまして連行してきた女性たちを、慰安所で1日に10人も20人もという日本兵の相手をさせていた。しかも、料金は内地人、半島人、支那人という形で差別をしていたという、非常に非道な実態が出ているわけでございます」

伊東は入手した資料に基づいて質問しているのだが、1938年に日本の北支那方面軍参謀長の発した通牒には、「日本軍人の強姦事件が全般に伝播し実に予想外の深刻なる反日感情を醸成せるに在り」とある。だから、このような「軍人個人の行為を厳重取締ると共に一面成るべく速やかに性的慰安の設備を整え設備の無きため不本意ながら禁を侵す者なからしむるを緊要とす」ということになった。

当時の軍医大尉の「戦場に於ける特殊現象と其対策」にも、上海事変後、非常に強姦がふえ、中国での商売の女性との接触から性病が軍隊に蔓延している、と書いてある。だから、内地や朝鮮半島の少女を含む女たちを連れて来て慰安婦にし、性病を予防するという「対策」が考えられたわけである。

だまされて連れて来られて１日に10人から20人もの相手をさせられ、地獄を見た朝鮮人や中国人慰安婦にとって、「皇軍」の残虐さは忘れられるものではない。

その反省に立ったＰＫＯではなく、誤った大国意識から出たＰＫＯだから『朝鮮日報』のコラムのような批判が出てくるのである。大国よりは〝良国〟をめざすべきであり、ＰＫＯは決して良国への道ではない。

（『週刊現代』92・7・4号）

## 〝同じ穴のムジナ銀行〟に告ぐ

### 女優起用、さわやかCMのウソ

いまでも続いているわけだが、宅配便は〝珍獣戦争〟として始まった。クロネコヤマトの宅急便に日通のペリカン便、西濃運輸のカンガルー便に名鉄こぐまの宅配便などである。ダックスフントもあるが、さすがに、タヌキやムジナはなかった。

それに対し、さくら（太陽神戸三井）にあさひ（協和埼玉）に数年前のトマトと、ひらがなカタカナ入り乱れて、〝かな戦争〟を展開しているのが銀行。銀行はまた、女優（タレント）を使っての〝ハナ戦争〟も繰り広げており、どこの銀行がどのタレントのCMを流しているか、すべて答えられる人はよほどの通（つう）だろう。

ちなみに、第一勧銀は小泉今日子、さくらがジュリー・ドレフュス、住友が浅野ゆう子、三菱が安田成美、三和が設楽りさ子、富士が南果歩と田中律子である。

テレビに雑誌に新聞に、ボーナス獲得をめざして彼女らが笑顔をふりまいているが、どんな美女でもレントゲン写真では骸骨が写るように、銀行の実態は笑顔で隠せないほど醜いものなのではないか。つまり、91年に発覚した銀行スキャンダルの反省の上に立って、さわやかイメージの彼女たちをＣＭに使っているのではなく、銀行への不信をかわすためにバンバンＣＭを流しているとしか思えない。

5月12日の『毎日新聞』に、権威ある格付け機関として知られるアメリカのムーディーズ・インベスターズ・サービスが91年の3月末から92年の5月11日まで長期債を対象にした格付けで、日本の都市銀行11行、長信銀3行、信託銀行5行の中で実質的に格下げにならなかったのは三菱と大和だけ、という記事が出ていた。

日本興業銀行も最上級のＡａａから2ランク格下げになっており、結局、大阪の料亭の女将、尾上縫に引っかからなかった三菱と大和が辛うじて格下げを免れたということになる。

大和は、尾上縫が頭取に会いたがったのに役員がそれを止めたというし、三菱は、「フロックコートを着て立ち小便するようなマネはするな」という考えで、闇雲には走らなかった。

興銀は現頭取の黒澤洋が何度か、彼女に会い、深入りするという失態を犯したわけだが、それについては、『ＮＥＸＴ』2月号の中山素平（興銀特別顧問）インタビューの次の個所から教訓を学び取るべきだろう。

日本債券信用銀行に戸田善明という専務がおり、この人が90年の秋に尾上との取引を断った。中山がそれを知って賞めたら、戸田は、自分はちょっと変だと思ったので判を押さない、といったところ、決裁が頭取の松岡誠司にまわったのだ、と内幕を話してくれたという。

そのとき松岡は、やはりやめようといったのだが、支店長は、どうしてもやらせてくれ、とがんばる。

「興銀もやってます」

と支店長がいうので、松岡は、

「興銀がやってるって、どういう理由か調べたか」

と聞いた。

「いえ、調べてません」

「それじゃ君、興銀がやってるっていっても理由にならんじゃないか」

こうしたやりとりの後もその支店長はなお食い下がったというが、松岡が、

「やるんなら、あとで責任は君がとらなきゃなんないよ」

とダメを押して、ようやく止めることになったとか。

## 不良債権の公表が先決

その債券信用銀行もムーディーズの格付けでランクを上げることができなかったのは別の要素によるのだろう。

ただ、ニューヨーク証券取引所に唯一上場し、その規制もあって行儀がいいといわれる三菱銀行も、いま評判の横田濱夫の『銀行マンの妻たちは、いま』（オーエス出版社）に、こう書かれるようなことはやっていた。

「週刊誌などでは、『今度の一連の金融犯罪に巻き込まれなかったダイヤ印銀行は、やはり一流の銀行だ』といった記事が出ていました。でも、そんなのウソです。その記事を読んで喜んでいるであろうダイヤ印銀行の偉い人の顔を想像すると、私は口惜しくてなりません」

というある銀行マンの妻の手紙に、

「ダイヤ印銀行が一〇〇％金貸してNTT株売りつけていた件は、オレも知ってるよ。オレが担当していた中小企業がダイヤ印銀行とも取引があってそこの社長から、『この前ダイヤ印銀行の支店長がきて、全額出すからNTT株を一億円か二億円買ってくれっていってきたんだけど、横田君どう思う』って相談があったんだ」

と「はみ出し銀行マン」の横田は答えている。

「ダイヤ印銀行」とは三菱以外考えられないが、これは三菱でさえというべきなのだろう。

住友や富士はいうに及ばず、あまり問題にされなかった三和銀行にも、多くのOBが送り込まれている東洋信用金庫、巨額の紹介預金が明るみに出た木津信用組合、さらには、住友銀行がガッチリと押さえている松下電器に食い込むために、異常なまでに貸し込んだ松下の子会社のナショナルリースと、爆発寸前の火種はいろいろある。

三和の頭取の渡辺滉（ひろし）は3年ほど前、大手証券との懇親パーティで、

「他行に負けない株価水準が欲しい。証券会社さんに期待するところは大です」

と、それこそ〝株価操作〟を要請するようなあいさつをした。

その三和は「フレッシュな感覚、家族的なアイドル性」（広報部）から、設楽りさ子をＣＭに起用しているらしい。

しかし、問題は、不良債権の公表などディスクロージャーを進めることではないか。そうでなければ、三和に限らず、すべての銀行はタヌキ銀行か、〝同じ穴のムジナ銀行〟と改称したほうがいい。

（『週刊現代』92・7・11号）

# 平岩経団連会長の美辞麗句

## 株主総会〝同時開催〟の異常

うるさい総会屋は少なくなっているのに、同じ日の同じ時刻に株主総会を開き、30分もかけずにそれを終わる。

こんな異常な茶番劇が今年も6月26日にあった。3月期決算の企業1824社がこの日の午前中に総会を開いたのである。それも、6000人を超す警察官に守られてだった。

その甲斐あってか、不正融資事件に揺れる富士銀行をはじめ、大阪の料亭の女将との問題のあった日本興業銀行や、子会社のナショナルリース事件で副社長が辞任した松下電器など、当然追及されるべき企業で、株主からの質問はゼロだった。

問題のある企業の株主総会ほど、「異議なし」「議事進行」の大合唱で早く終わる。これでは、ウラで何らかの工作をしているといわれても仕方がないだろう。

「オイッ」「コラッ」と総会屋めいた人間からの怒号がとぶなか、2時間57分かかった東海銀行は、むしろ、裏工作をしなかったから長くなった、ともいえる。

大体、マスコミも、時間をかけたのを評価すべきであり、30分以下は、実質的に株主総会を開いたとはいえないと批判すべきである。

27日の『朝日新聞』によれば、「金融・証券の総会の中で唯一経営者と株主の静かな対話が見られた」さくら銀行の株主総会は約2時間。

同行のある役員は、

「総会の機会にできるだけ株主の質問にまじめに答えていくのが正常な姿ではないでしょうか。他行のことはいいたくありませんが、どうしてあんな短時間で終われるのか理解できません」

と語ったという。

同じ日の同じ時刻に開くことの異常性、短時間で終わることの異常性に、もうひとつ、非公開の異常性が加わる。

91年にテレビモニターで中継した野村証券は、92年にまた非公開に戻った。不祥事の責任を取って辞任した会長の田淵節也、社長の田淵義久、そして副社長の橋田喜和らへの億単位の退職金が議題にのぼるわけで、それへの批判が起こるのを恐れたからといわれる。

株価が最高値から2割以下へ急落し、恨み骨髄の株主から責められたのがNTTの経営陣。

「大蔵省はここに来てるのか。みんなをだまして売り抜けるという詐欺行為をしたのはあなたたちだ」

と大蔵省に怒りをぶつける株主もいたが、ケッサクだったのは、

「会社はわれわれ株主と郵政省のどちらが大事なのか」

という質問に、経営陣が、

「もちろん株主さまは大事です。しかし、郵政省さまも監督官庁として、いろいろなサービスに認可をいただかなくてはいけないので大事です」

と答えたこと。すかさず、

「郵政省さまっていうのはないでしょう」

と株主から皮肉がとんだらしい。

## 多くの株主が出席する総会を

90年にアメリカはブーン社の会長のピケンズが出席して騒然となった小糸製作所の総会でも、同じような発言があった。

トヨタとの系列取引を尋ねた質問に担当副社長がこう答えたのである。

「系列という言葉の意味は必ずしも一義的ではありませんが、仮に役員派遣、取引関係、ないし資金その他の面での強い支配・従属関係をいうのだといたしますと、当社はトヨタさんとの間に、そのような支配・従属の関係にあるわけではございませんので、御指摘のような系列取引というものも存在いたしません。すなわち、当社は、まず役員派遣の面から、確かに過去にトヨタさん自身に勤務していた経歴を有する役員が三名おります。これらの役員のいずれも、当社役員就任以前にトヨタさんを退職され、その後は、トヨタさんとは何の関係もない純粋の小糸マンであり、当社はトヨタさんから役員を派遣されているわけではございません」

以後も、「トヨタさん」を連発するので、議場の株主から、

「さんは付けんでいいよ」

と野次られたとか。この答弁が証明する通り、トヨタと小糸は、「系列取引」ではなく、「上下取引」をやっているのだろう。

ピケンズは〝乗っ取り屋〟というレッテルを貼られたが、アメリカ上院商業委員会消費者小委員会の公聴会で、小糸の総会に出席した体験を次のように証言した。

「小糸製作所は増収なのに、なぜ減益なのか。それはトヨタとの系列問題がある(つまり、トヨタが利益を吸い上げる)からではないか」

と質問したのに、満足のいく回答が得られなかった。それどころか、いわゆる総会屋から、

「ヤンキー・ゴー・ホーム」

とかの汚いヤジを浴びせられ、あるアメリカ人女性株主は、

「仕事はなんだ。ストリッパーじゃないのか」

とまでいわれた。

このピケンズ証言に、出席した上院議員や傍聴人は顔をしかめたという。

当然だろう。

91年秋、経団連は「行動基準憲章」なるものを発表した。美辞麗句を並べたものだが、経団

連会長の平岩外四が、自らが会長をつとめる東京電力の株主総会を、やはり26日に開いているのだから、「百の説法、屁一つ」である。

今度、野村証券の会長になった相田雪雄は『日経』編集委員の森一夫に、

「多くの株主が出席しやすいように株主総会の日取りはなるべく各社がずらした方がいい。しかしこれは精神であって、直ちにそうしようという自信は今の私にはない……」

と語ったという。とすれば、平岩が率先して、東京電力の株主総会を別の日に開くしかないではないか。それとも平岩は〝異常〟と思う感覚をなくしてしまったのか。

（『週刊現代』92・7・18号）

# 山下徳夫厚相の「倫理観」

## 身にしみついた〝口止め料〟感覚

「政界の三賢人」と呼ばれる人たちがいた。椎名悦三郎に前尾繁三郎、そして灘尾弘吉である。灘尾は「賢人じゃなく変人だろう」と自らいったというが、官僚出身で勉強好きという点が共通していた。

利権にさとい政治屋ではないから選挙に弱い点も共通している。

党人派で、彼らと匹敵する渋い「賢人」政治家がいた。詳しくは書けないが、九州出身のその政治家の命日に、東京からある女性が毎年墓参に飛ぶ。死後もそれほどに思慕されているのである。羨ましい感じもするが、同じ自民党の政治家ながら、女性問題で首相の座を降りた宇野宗佑や、官房長官のポストを早々に棒に振らなければならなかった山下徳夫と、何という違いだろうか。

「宇野スキャンダル」を追及した『サンデー毎日』の牧太郎が、『「サンデー毎日」編集長日記』(三一新書)で、当時、この問題は「女性問題」ではなく「金権問題」だ、と喝破して、こう書いている。

〈本誌は「宇野スキャンダル」で「女性をカネの力で自由にしていいのか」と問題提起した。単に政治家に愛人がいるとか、不倫をしているということでは、多分、掲載に踏み切らなかったろう。その「宇野スキャンダル」から、政界（あるいは自民党）は、見当違いの「教訓」を得てしまったようだ。女性に十分にカネを渡していれば、こんなことにはならなかった、と考えたのかもしれない。それが「口止め料」（ご本人は善意の援助と言われているが）になってしまった。

私の七年七ヵ月の政治記者経験からいえば、この「口止め料」感覚こそ、自民党の本質なのだ。自民党は、国会対策費というものを持っている。この潤沢な資金で、野党議員を接待し、カケ麻雀でわざと負けたり、野党議員のパーティー券を買う。カネの力で「質問は、お手やわらかに」と恒常的に〝口止め〟し続けたのである。金権体質に汚染されている、という意味では、一部野党も同罪だが、この体質が〝口止め料〟という形で露見したのだ〉

山下は官房長官になることが決まって、関係のある女性に「善意の援助」の〝口止め料〟を渡そうとした。それを渡さなければしゃべられるような恐れのある関係だったのだろう。しかし、それが裏目に出て、山下は官房長官を2週間ほどで辞任しなければならなかった。その後、首相の海部俊樹はイメージを一新するため、女性の森山真弓を官房長官に横すべりさせる。

牧が、「女性問題」ではなく「金権問題」だと指摘したのは1989年8月23日だが、あれから3年も経たない92年の7月1日、山下は北海道旭川市のホテルで開かれた自民党河本派の代議士の会で講演し、テレビ朝日の「ニュースステーション」のキャスター久米宏を名指しで批判した。

「(反PKO法的な番組を)毎日見ていると、世論も『キャスターがいっているのだから』とPKOに悪い印象を持つようになる」

と不満をぶつけ、さらに、

「ああいうキャスターを出している番組のスポンサーの商品を買わないくらいのことを自民党もやる必要がある」

と、不買運動も検討すべきだとの考えを示して、番組を攻撃したのだ。

山下は3年前の「事件」で何も懲りなかったのだろう。身にしみついた〝口止め料〟の感覚は、この政治屋からはぬけないのである。

## 公私混同はなはだしい政治屋

山下は、金丸信の直系で、「本籍・経世会、現住所・河本派」といわれている。しかし、一応、河本にも強引に便宜は図るようで、山下が運輸大臣だった1985年春、河本がオーナーである三光汽船をなんとか救済できないかと、同社のメーンバンクの大和銀行の頭取と東海銀行の頭取を呼び、なんと河本を同席させて話し合った。

公私混同もはなはだしい政治屋で、それを批判された山下は、

「河本さんが同席したのがおかしいといわれれば、そうかもしらん」

などと答えている。

自民党には宗教政治議員連盟というのがあった。アンチ創価学会の立正佼成会などに支援されていた議員の集まりで、名誉会長が金丸信。山下は事務局長から会長に昇格してそれを取り仕切っていた。つまり、ドンの金丸から宗政連を任されるほどの〃子飼い〃だったのである。

だから、老害の金丸と同じく、

「社会党が政権をとると、共産党と連合して国会に鉄条網を張り、ほかの政党を入れないようなことになる」

と地元の佐賀でバカなことをいって嗤われたりもする。

久米批判にしても、山下は己の非常識さがわからないのだろう。

今度、厚生大臣として内閣に入ったのも、金丸が宮沢喜一のお目付け役として押し込んだものともいわれている。

河本派には、山下のような人間もいれば、参議院議員の石原健太郎のように、「自衛隊を海外に派遣するような党にはいられない」と自民党を離れる人間もいる。

どちらが勇気ある行動か。山下の立場で久米批判をすることには何の勇気もいらない。石原の行動について、社会党・護憲共同の参議院議員、國弘正雄は、自らも、反PKOの立場で、連合の推す森田健作とは別の候補を擁立して、社会党や連合の幹部から激しく責められている

こともあってか、

「日本の社会は個を認めない社会で、みんな群れで行動している。その中で信念をもって行動した石原さんの勇気には感心する。どんな行動も一人から始まるのだから」

と共感の拍手を送っているが、その通りだろう。女性に対しても「信念」のなかった山下には、それを望むべくもないが……。

（『週刊現代』92・7・25号）

# 森田健作を推す社会党幹部の無節操

## PKO〝肯定〟候補を推す理由

92年7月7日の日付で、「日本社会党書記長」の山花貞夫から、参議院議員の田英夫と國弘正雄に宛てて、次のような手紙が届いた。

〈前略

去る七月三日参議院選東京地方区候補に関して私は、党の方針について次のようにお話ししました。

一、田辺委員長あて推薦方申入れのあった内田雅敏氏について、党は推薦しない。

党は推薦候補森田健作氏の当選を期して闘う方針である。

二、ご両氏とも、この党の方針に協力していただきたい。

これに対し、協議のうえ週明けに回答したいとのことでありましたが、今日ご返事を受けておりません。

公示日を明日に控えておりますので、左記の点につき通知いたします。

記

一、重ねて党の方針に協力されるよう強く要請いたします。

二、公示以後東京において党推薦候補以外の候補について支援の活動を行なわれた場合は、選挙後参議院へ届け出る「日本社会党・護憲共同」所属議員の構成に、ご両氏を加えることができないことになることもありえますので、念のためご留意いただきますよう通知しておきます〉

明確な脅しである。

社会党は先の国会で、社民連とともに、衆議院議員の辞職届までまとめてＰＫＯに反対した。参議院でも、徹底した牛歩戦術で、法案の成立に抵抗したのである。

ならば当然、シンボリックな東京地方区においては、ＰＫＯにはっきりと反対の立場をとる候補者を立てるべきだろう。

ところが、ＰＫＯを推進した民社党と組んで「連合」候補の森田健作を立てた。これでは、ＰＫＯに反対した社会党に一票を投じようとする人は救われない。

私は一度、森田がキャスターをしているテレビ番組に出てくれといわれて断ったことがある。１９９０年の総選挙で、リクルート事件でガケっぷちに立っていた中曽根康弘の応援にかけつけたことなどを聞いていたし、あまりにゲンキな青春教にむせる思いがしたからである。

自衛隊に入隊したいと申し出たことがあり、ＰＫＯには基本的に賛成と明言していた森田を、社会党や社民連はどうして推せるのか。ネームバリューというが、消費税反対の時、新潟で当選した大渕絹子はまったく無名の人だったではないか。

数ヵ月前、「この汚れた田舎芝居　君の社会党を許せるか」というパンフレットが永田町をかけめぐった。

それによると、社会党委員長の田辺誠は4月13日に北朝鮮を訪問する3日前、「日朝友好親善協会」なる会の発足準備会で、金丸信と二人だけで会場をぬけだし、PKOについて話し合ったという。

「PKO法案をどうしても通さなければならない。参議院のPKO特別委員会が、社・共が出てこないので困っている」

と金丸がいったのに、田辺は、

「こちらは廃案と言ってきたのだから、手順があるんだ。手順を尽くしてどの党も円満にやることだ」

と答え、金丸が、

「もう動かしてくれ」

と頼むと、田辺は、

「審議拒否とか物理的抵抗とか、私は言ったことはない」

と応じたとか。

「これは、新聞記者の取材に答えて確認したやりとりだ」と、この「日本社会党全国書記の会有志」によるパンフに書いているが、社会党が森田を推し、反PKOの内田を応援する田や國弘を脅している現状を見ると、容易には信じがたいこのパンフの中身を信じたくなってくる。国会での反ＰＫＯがホンモノなら、少なくとも、田や國弘の行動を黙認すべきだろう。彼らを抑圧すればするほど、反ＰＫＯは、単なる成りゆきだったということを、自ら告白していることになる。

## 「悪辣なセクハラのヤジ」との距離

森田はまた、女性に対しても極めて古い考えの持ち主で、お茶くみに「不平をタラタラいっているコはダメだね」「男が仕事に熱中しているときは、そっと『お茶をどうぞ』と差し出すやさしさ——これはものすごく大切な仕事なんだ」といっている。

『世界』92年8月号の社会党女性議員座談会「肝心なことが議論されていない」によれば、ＰＫＯに反対して牛歩をつづける社会党の女性議員に自民党はまるで暴力教室のように「悪辣なセクハラのヤジ」をとばしたという。

衆議院議員の伊東秀子が次のように証言している。

「女性議員の一人が特別長く牛歩をやったときなんか、こうです。『長々と牛歩をやるな。おまえの顔なんか見たくもない。もうちょっと鑑賞にたえるツラなら長く歩いてもいいけど』。

私のときでしたら、『赤い服の北海道の女、おまえ、生意気だ』と。自民党席の前を背中を向けて歩いているんですが、私にだけ聞こえるように、『伊東秀子、おまえは特別委員会のときに委員長席なんかに詰め寄りやがって、テレビに出たかったんだろう。いいかげんな女で中身もないくせに、インテリ女ぶって』とか、そういうことを言う」

まさに低劣極まりないヤジである。

しかし、こうしたヤジを放った自民党の議員と、不平をいわない女がいいという森田健作とは、その距離はあまりないのではないのか。

「日本社会党書記長」の山花貞夫をはじめとする社会党の幹部はそうは思わないのだろうか。

PKOに反対の立場を貫いて内田を推す田や國弘こそが正当なのであり、それを抑圧する山花たちはおかしいのである。

（『週刊現代』92・8・1号）

## 西岡武夫元文相の〝偏狭さ〟

### 長崎大移転統合に〝当然の介入〟

成り行きに
　まかす行く手の　蟻地獄

7月10日、激越な選挙戦の末に2票差で長崎大学の次期学長に選ばれた横山哲夫は、その心境をこう詠んだ。

敗れた現学長の土山秀夫が地元選出の代議士、西岡武夫元文相と大学移転をめぐって対立し、この学長選挙は「土山対横山」の争いではなく、「土山対西岡」の戦いだとまでいわれた。それだけに西岡と組んだ横山も、前途に「蟻地獄」の思いを抱いたのだろう。

土山は4年前、移転推進派の保田正人を破って学長となり、移転を白紙に戻した。これが西岡には気に入らず、文教族としての影響力を行使して、異常なまでに土山が学長の長崎大学の邪魔をした。

91年10月に土山は記者会見で、

「(予算の) 概算要求の重点項目がカットされたのは、移転を求める西岡氏の圧力のため」

と発言し、文部省高等教育局長、前畑安宏が、
「学長の発言は文部省へのいわれなき中傷。（長崎大は）このままでは死に体になる」
と反論する一幕もあった。

これについて西岡は、92年4月1日付の『西日本新聞』のインタビューで予算カット問題で〝圧力〟をかけたのではないかと改めて問われ、こう答えている。

「移転統合すべきだから、建物のたぐいについては予算をつけるのに反対だった。文部省の前畑・高等教育局長にも直接そう話した。ただ（カットされた）腎不全診療部の設置については、私も予算をつけてくれるよう頼んだんだ。〝圧力〟といわれるのは、他の予算もつかなかったので、全部（責任を）私がかぶらされているのでしょう」

土山は長崎大医学部の前身である長崎医科大の出身で、専門は病理学。自ら江戸川乱歩ばりの推理小説も書いている。これから西岡は、その病理学の対象として、あるいは、おどろおどろしい小説の登場人物として描かれるかもしれないが、たしかに、西岡が92年の2月に、長崎大の教職員を含めて3万部を配付した次の「国会だより」は常識のワクをはるかに越えていた。

すべてが「長崎大学移転問題」で、全4面の1面半が、西岡が「これらを、私が、一人で全部造った、とは申しませんが、少なくとも、私が手掛けなければ、実現しなかったもの、或いは、出来たものも、大幅に遅れたであろうものばかりです」という同大の「学部や建物や機関」の写真で占められている。それが、西岡によれば「大学に不利になる事を、私が、絶対にやら

ない、と断言できる根拠」なのだという。

すさまじい話である。西岡は、長崎大選出の代議士だったのか。

この「国会だより」は、そのまま書き写すだけで、西岡のトッチャン坊やぶりが浮かびあがる。

「土山学長の近視眼的発想」と題する個所では、「土山学長の私に対する許す事の出来ない言動」を「土山学長の不当な手法」として指摘する。

「一般に、国立大学の学長という地位には、社会的信用がともなっています。土山学長は、その事を十分計算した上で、抜き打ちに、西岡武夫に対する一方的攻撃を仕掛けました。

一方的、という意味は、土山学長は、今日に至るまで、一度も、長崎大学の移転問題について、私と直接話をした事はない、ということです。

また、平成四年度の長崎大学の予算決定の経緯についても、私には、何のお尋ねもなかったのです」

どうして、長崎大の学長は移転問題で西岡と話をしなければならないのだろうか。西岡には、それは当然のことで説明するまでもないことなのかもしれないが、私にはまったく理解しがたい。税金を使って（いうまでもなく西岡のカネではない）、大学の施設をつくることに「介入」したからか。また、長崎大学の予算決定について、どうして西岡に学長が「お尋ね」しなければならないかもわからない。

## 配布した文書の非常識さ

こうした的はずれな思い込みが、再度、土山批判の文書を同大の全教職員に配布するというヒステリックな行動に走らせたのだろう。

3月14日付のそれには、「土山学長は、なぜ、学内の皆さんに嘘をつかれるのですか。そうまでして、移転統合の道を閉ざす責任をどうお考えですか」とある。しかし、土山がもし嘘をついているとしたら、西岡よりも「学内の皆さん」のほうがよくわかるだろう。それがわからないと思うところから、西岡の「介入」は始まる。それは、同大の全教職員がきちんとした判断力をもたないことを前提とする、失礼極まりない行為ではないのか。

4月1日付の『西日本新聞』で西岡は、予算への口出しや学長批判文書の送付について、「大学自治への介入だ」との批判があるが、という問いに対して、

「人事や学問研究にまで口出しすれば介入でしょうが、それはしていない」

と発言している。

学長人事に「介入」しているのに、西岡にはその自覚がまるでないのである。同日付の同じ『西日本新聞』のインタビューで、土山は、

「せめて大学くらいは、政治家に頼るのは最終手段にしたいと思っています。長崎大学は国立大学であり、〝西岡大学〟ではありません」

といい切っている。

ただ、この土山も、別に「大学の自治」を守って文部省に抵抗するというタイプではなく、むしろ、文部省の改革を先取りする形で、教職員に文部省路線を押しつけてきた。だから、文部省の西岡派対反西岡派の争いも、この対立に影を落としているのである。

ある政治記者は西岡の「どんな小さなミスも許さない偏狭さ」を指摘し、「偏狭さが高じると、ダウンしているボクサーを殴り続ける異常さにまで到達する」と評している。

（『週刊現代』92・8・8号）

# PART2

# 会社大国を斬る

## 〝御獄友〟のお手紙

### リクルート・江副が地産・竹井にアドバイス

リクルートの社内報『かもめ』4月号の「あとがき」に「やっぱり似ているこの二人」として、江副浩正と、先ごろの冬季オリンピックで金メダルをとった同社スキー部の三ケ田礼一が並んだ写真が載っている。

江副の〝復権〟はここまできたということなのだろう。大体、ワンマン江副によって任命されたリクルートの現役員たちは、社長の位田尚隆はじめ、江副へのイエスマンばかりで何も決められず、形だけの役員会の後、改めて江副の前で実質的な役員会を開くといわれてきた。

ヒマをもてあましているのか、その江副は自分の足もとにおいてこのように出しゃばりだしただけでなく、獄中体験を共有した、いわば〝御獄友〟の地産前会長、竹井博友に次のような手紙を送っていたことも発覚した。

92年3月17日に開かれたリクルート裁判「労働省ルート」公判でとびだしたものだが、1990年9月19日付のそれは、竹井が被告となった江副を激励したことに対する感謝の意を表したものであり、91年5月31日付のそれは、逆に、竹井が逮捕される直前に、江副が公判対策をアドバイスしたものである。

江副が竹井に送った2通の手紙を順に掲げたい。

〈昨日は私の事務所にわざわざお出ましいただき激励のお言葉を頂戴し嬉しゅうございました。また自家製の梅酒とブルーベリー酒、ありがとうございました。貴重なものとして賞味させていただきます。

私の裁判は弁護士の話によりますと、最高裁の判決がでるまでに15年ないし、20年はかかるとのことです。その間裁判だけであとは遊びだけでは空しい人生だと思っております。

生来、働くのが好きなほうですから。

これから先もリクルートグループの創業者として、グループの今後の発展のために陰ながら力を尽くしていくつもりでおります。今後ともご指導下さいますようお願い申し上げます。

草々〉

『致知（ちち）』などという怪し気な雑誌を出して道学者ぶっていた竹井に「ご指導」を願う反面、「創業者として」リクルートグループの発展に「陰ながら」尽力したいと決意表明する江副。

それが、ある種逆転して、脱税で逮捕されようとする竹井に、今度は江副が具体的なアドバイスを送ることになった。

〈冠略　失礼申し上げます。昨日は私の事務所にお越しいただき、ありがとうございました。

本日、私の弁護士と貴台の件について話をいたしました。同弁護士はリクルート裁判の弁護団21名の中で一番アイデアがあり、法律家であると同時に戦略家でもあると私は感じている弁護士であります。

同弁護士は貴台の件について「結論的には裁判を引っ張りに引っ張って、長びかせることでしょう」とのお話でございました。

(略)先般お目にかかりましたときに「死にたいとの思い……」とお言葉をお聞きしましたが、そういうお言葉を、会社をはじめ周囲の方に漏らされることは、私の経験から申し上げれば、周囲の人達との気持ちを良くない方向に向かわせると思います。私の場合は、途中でこれに気が付いて、精神科医にかかり、抗鬱剤(ゆううつな気持ちをやわらげる薬で、いろいろな薬が出ております)を服用しておりました。お知り合いの医師がいらっしゃらないようであれば私がかかりました精神科医をご紹介させていただきます。

今回のことで、命までとられるわけではありません。大切にすべきは、健康な身体だと思います。くれぐれもご自愛下さり、これを転機に太く長く生きられるようお祈り申し上げております。

草々〉

この手紙を読むと、竹井が「死にたいとの思い」を江副に漏らしたことが分かる。

あれだけ、人に「道」などを説きながら、とんでもないことをやっていたわけだからそれも当然だろう。

## 生き永らえた経営者の〝道〟とは

竹井は獄から出てきて、真っ先にすべきは『致知』を廃刊にすることだった。それもせず生き永らえている。

まだ、そんな雑誌に出ている経営者がいるのだから、何をか言わんやである。

１９６９年元旦の『読売新聞』にスクープされて、三菱銀行と第一銀行の合併がこわれた時、当時の第一のワンマン頭取、長谷川重三郎の自殺説が流れた。

ある財界人はそれについて、

「長谷川は自殺するかも分からないよ。自信満々、乗り出した合併計画が無惨に破綻して、先祖の顔に泥をぬったうえ、勝てば官軍、敗ければ賊軍のたとえどおり、毎日のように伝えられるニュースには断腸の思いだろう。健康もすぐれないというが、ぼくは彼が自殺するような気がしてならないのだ。

長谷川が自殺すれば、経営者としての声価は上がる。だけど、そういうことはないかもしれない。でも、創業者の血を背景に（長谷川は渋沢栄一の庶子）先輩を無視したり、同僚に威張り散らした男が、これからおめおめ生き永らえる姿はいただきかねるな」

と言い切ったという。

竹井の脱税は、長谷川の合併挫折どころの話ではない。「おめおめ」という形容は、長谷川の何十倍の重さとなって、竹井と『致知』にのしかかるだろう。いや、のしかかるべきである。

もちろん、江副に対してもである。

創業者として尽力したいと言っているが、社員はそれを望んでいるのか。

あるところで、リクルートは佐川急便をよく使っていると聞いた。

そう言えば、「フライデー」された佐川のお祝い写真にリクルートの元幹部の顔がバッチリ写っていたが、多分、江副と佐川の幹部もじっこんなのではないか。

だとしたら、たとえば、東京佐川の前社長、渡辺広康に江副は竹井に出したような手紙を送ったらどうか。

それとも、もうすでに裁判を引きのばせ、といったアドバイスを送っているのだろうか。

（『週刊東洋経済』92・4・25号）

# 経済小説でわかった「会社大国」の内実

## 「ビジネス・ノベル」を輸出せよ

この間、ある雑誌で対談した深田祐介が、日本航空時代体験した「社宅生活の息苦しさ」について、こう語っていた。

「朝出かけるとき、隣の玄関のドアが開いたら自分は靴履いたまま待っているんだ。というのは会社まで一緒に行ったら、話題はないし、担当も違うし、向こうが上役だったりしたらたまらない。横浜の社宅から東京駅までずっと一緒というのは死ぬ思いよ」

電車の混雑にまぎれて、遠くへ行こうとしても、

「君、わざと離れたの」

みたいな感じになる。なかなかうまくいかないのだ。

「それから社宅は休みがとれない。有給休暇をとると、すぐまわりの奥さんたちが非難のまなざしを浴びせてくる。うちの主人は今日も残業ですのよ、なんて言われたりして（笑）」

ここまで「相互監視」は進むのか、と驚くのは、「捨てるもの」についてである。

「すぐそばに上役がいたんだけど、その家のゴミにはウイスキーの空き瓶が多い。2、3日に

1本ずつ出ていると言うんです。あれはアル中だ、会社でうまくいってないらしい、部下が造反しているんじゃないか、うわさはうわさを呼んで、みんなその家の前を通るたびにじっとゴミを見る（笑）」

（笑）とあっても笑える話ではないのだが、深田と同じく経済小説を書いている安土敏（中堅スーパーのサミット副社長、荒井伸也の筆名）も『経済広報』4月号のムルハーン千栄子（イリノイ大教授）との対談で、「企業内のコミュニケーションを非常に悪くする」敬語についてこう語っている。

たとえば、総務部長が自分の部下の田中さんを、社内では「うちの田中が……」と話をする。人事部長に向かっては、「うちの田中が人事部のだれそれさんに……」となる。総務部長にとっては、総務部は身内だけど、人事部は外になる。自分の部下を呼び捨てにしたところで線を引いて、

「ここからはおれの領域だから、口を差しはさませないぞ」

ということを意味する。

その意味で、日本語はたいへん「差別的な言葉」であり、派閥ができるのも日本語の構造と関係がある。

こう指摘する荒井は、だからサミットでは、社内で自分の部下に「さん」とか「君」をつけなさいと言っている、という。

こうした「外部」には容易に分かりにくい日本の会社事情を知らせるものとして経済小説がある。

日立に勤めていた浅川純の『社内犯罪講座』（実業之日本社）所収の短篇が、『ハーバード・ビジネス・レビュー』や、ロンドンで発行されている『マネジメント・トゥデイ』に翻訳されたりして、「ビジネス・ノベル」が注目を集めだしているが、前述のムルハーン千栄子は『中央公論』の3月号に、「日本の経済小説をじゃんじゃん輸出せよ」と勇ましいことを書いていた。

## “忠実で、従順で、ミゼラブル”なサラリーマン像

それを読んで私は、8年ほど前、やはりアメリカの大学で教えているプリンドル玉枝（前記、浅川純の短篇の翻訳者でもある）の来訪を受けたことを思い出した。

彼女は、私に最初の手紙を寄こした時はコーネル大学の大学院で近代日本文学を専攻していた。博士論文に「日本の経済小説」を書きたいのだがということだった。

学習院大を中退してアメリカに渡った彼女は、文化人類学者のアメリカ人と結婚し、二児をもうけた後、育児にひとくぎりついたところで、大学院に入った。そして、ブレッド・デバリーという東洋文化を研究している教授に、日本の企業について書いた小説を扱ってみたらどうか、と勧められる。

そのころちょうど、プリンストン大学に来ていた日本人物理学者が、現地の新聞に、日本の

ことを知るにはこうした小説を読むのが一番いい、といった意味のことを書いていた。

それで彼女は「ジャパニーズ・ビジネス・ノベル」の研究を志すが、何から読んだらいいか分からない。

コーネル大学には、さいわい、ミツイ、ミツビシのグループの企業や通産省から派遣されて勉強に来ている人たちがいたので、とりあえず彼らに聞いて歩いた。

そうして城山三郎、深田祐介、清水一行といった作家を知り、小島直記の『小説・三井物産』（講談社文庫、絶版）の解説で、私が書いた『経済小説の読み方』（こう書房刊、現在は現代教養文庫所収）というガイドブックがあることを知る。

それで、1984年夏、私のところに、彼女から一通のエア・メールが舞い込んだのである。さすがアメリカはビジネス社会の本場、こうしたテーマもすんなり認められるのかと感じ入りながら長文の手紙を読んだ。

その後、彼女は1986年の暮れから87年の新春にかけて来日したのを皮切りに、何度かやって来て、城山、深田、清水、高杉良、堺屋太一、開高健、山崎豊子などに会い、90年に〝MADE IN JAPAN AND OTHER JAPANESE BUSINESS NOVELS〟という編訳書を出す。

この本には城山の「メイド・イン・ジャパン」他、高杉、清水、開高、堺屋の中短篇が収められ、「忠実で、従順で、ミゼラブル」な日本のサラリーマンの生活を描いているとして彼の地で話題を呼んだという。

そして91年春、ムルハーン千栄子が、安土敏の小説『企業家サラリーマン』（講談社文庫）を〝SHOSHAMAN〟と題して英訳した。

彼女によれば、この本はアメリカで「予想以上の売れ行きをみせた」と言う。

日本の会社の生態は表面的にみただけでは分からない。社宅なども、入れない人間からみれば恵まれているではないか、何を不満を言っているのだ、ということになりがちである。

しかし、それでいいのか、ということだろう。

私は、日本は「経済大国」ではない、「会社大国」だと思う。

その内実を、経済小説を読んでじっくり知る必要があるのではないか。

論議はそこから始めなければならない。

（『週刊東洋経済』92・5・16号）

# 運輸省の「クロネコいじめ」にみる教訓

## 〝企業の神経〟労働組合の重要性

政治家や官僚と「仲がよかった」企業としてリクルートや佐川急便がある。天下り官僚を受け入れている企業もその類だが、それに対して、ヤマト運輸は間違いなく政治家や官僚と「仲がよくない」企業である。

「野村証券霞が関出張所」（大蔵省）とか、「新日本製鉄霞が関出張所」（通産省）といわれる野村証券や新日鉄も「仲がよかった」、あるいは、いまも「仲がいい」企業だろう。

銀行などは、総体として大蔵省に密着している。

スキャンダルは、その政治家や官僚と「仲がいい」企業に起こった。リクルート然り、佐川急便然り、証券然り、銀行然り。

それを政治家や官僚はどう考えるのか。また、翻って企業のほうはどう受け止めるのか。

ヤマト運輸の元社長で現相談役の小倉昌男は、

「ヤマトには政治力なんかない。もしあったとしても使いたくはない」

と言っている。

この小倉は社長になるまでは、労働組合に対して相当な「タカ派」だった。組合を、口やかましい人間が集まるところ、と決めつけていたのである。

しかし、社長になって、小倉は、自分にとっては耳痛いことであっても会社にとっては必要な情報というものが入ってこなくなったことに気づいた。

サラリーマンの悲しい性(さが)というか、みんな上には耳に心地よい情報しか伝えない。ストレートに伝えて、自分の落ち度とされることを恐れるからである。

それではどこに、「会社にとっては必要だけれども、トップにとっては耳の痛い」情報は集まるか。

いろいろ考えて小倉は、それは組合ではないか、と思った。そして、その後、組合の幹部といろいろ話し合うようになったのだが、そうした経験を踏まえて小倉は、

「労働組合は企業の病気を知らせる神経だ」

と語る。

その神経が病んでいると、病気は病気として伝わらなくなる。ほとんど、組合があってなきが如しの銀行や証券にスキャンダルが起こったのは決して偶然ではないのである。

リクルートも、一時結成された組合を、荒療治でつぶしたのは有名な話だ。

佐川急便に至っては言うまでもない。組合どころか、労働基準法も入れない会社だった。労基法無視の超過密労働で業績を伸ばした佐川急便はその過程でスキャンダルを惹き起こしたわ

けだが、その意味で、佐川急便スキャンダルと過労死は裏表の関係にあるのである。

リクルートも同じで、「リクルートの常識は社会の非常識」であり、「佐川の常識は社会の非常識」だった。

「銀行の常識は社会の非常識」であり、「証券の常識は社会の非常識」であることはいまも変わらない。

もちろん、「運輸省の常識は社会の非常識」であり、「大蔵省の常識は社会の非常識」であることも変わらないのである。

## 政治家、官僚とは〝表〟でケンカする

先日、現在は精神科医をしている高校時代の同級生と会った。

その男は冗談まじりに、

「自分はどこかおかしいのではないかと考えている人間はまだ大丈夫だ。危ないのは、自分はおかしくないと思っている人間だ」

と言っていた。

これは、運輸省や大蔵省の官僚たちに最もよく当てはまる指摘だろう。

汚職や疑獄の頻発度では群を抜く「歴史」をもつ運輸省の官僚たちはもちろん、証券スキャンダルや銀行スキャンダルで明確に責任をとるべき大蔵官僚が「知らぬ顔の半兵衛」を決め込

めるのは、彼らが「自分たちはおかしくない」と思っているからである。

だから、「運輸省なんかいらない」と明言して、運輸省と真っ向からケンカしてきたヤマト運輸をいろいろといじめることになる。運輸省のヤマトいじめ、つまり、クロネコいじめはいまだに続いているというのだから、言語道断である。

繰り返すが、異動のたびに運輸官僚に「餞別」を渡していた佐川急便の対極に、運輸官僚の理不尽な統制に屈しなかったヤマト運輸がある。

運輸官僚は、佐川から「それ」を受け取る一方で、ヤマトというネコをいじめていたわけである。

餞別を受け取る手とネコいじめをする手は同じなのだ。もっと言えば、餞別をくれるから佐川については便宜を図り、ヤマトはそれを出さないから、許認可を遅らせたりすることになる。

9年ほど前だったか、ヤマトは宅急便の新しいサイズを発売することにした。分かりやすく少し状況を変えて言えば、値下げすることにしたのである。

6月1日からの実施を目論んで、そのときヤマトは、5月の初めに大きく新聞広告を打った。

「6月1日から宅急便を値下げ致します」

ただし、これには「運輸省の認可が得られれば」という注釈がついていた。

バス停留所を1センチ動かすのさえ、許認可の対象とするといわれるほどの運輸省だから、もちろん、宅急便のそれはガッチリと許認可の対象に入れている。

そしてこのとき、運輸省はヤマトの料金値下げを申請どおりに認めなかった。案の定である。

それでヤマトはどうしたか。6月1日の前日に、また大きな広告を出した。

「残念ながら値下げできなくなりました」

その断わり書きの中にヤマトは堂々と「運輸省の認可が得られなかったので」という説明を入れた。時の運輸次官などはカンカンに怒ったというが、小倉たちヤマトの経営陣はひるまなかった。

小倉はある記者に、

「運輸省と真っ向からぶつかって、よくつぶされないできましたね」

と問われて、

「裏でなく、表で公然とケンカしたからつぶされなかったんです」

と答えている。

それが必要かどうかを判断するのは役人ではなく、市民だということである。

（『週刊東洋経済』92・6・6号）

# 森和夫東洋水産社長「ワッペン物語」の壮快

## 石田礼助の見事な勲章拒否

解説を書くために城山三郎の『粗にして野だが卑ではない』（文春文庫）を読み返して、あらためて石田礼助の見事な生涯を憶った。

国鉄総裁在任中に勲一等を贈ると言われ、

「おれはマンキーだよ。マンキーが勲章さげた姿見られるか。見られやせんよ」

と言って固辞した石田は、死が近づくと、息子の嫁に指示して次の遺言を書きとらせたという。この中のママは夫人のつゆを指す。

●死亡通知を出す必要はない。

●こちらは死んでしまったのに、第一線で働いている人がやってくる必要はない。気持はもう頂いている。

●物産（三井）や国鉄が社葬にしようと言ってくるかも知れぬが、おれは現職ではない。彼等の費用をつかうなんて、もってのほか。葬式は家族だけで営め。

●香典や花輪は一切断われ。
●祭壇は最高も最低もいやだ。下から二番目ぐらいにせよ。
●坊さんは一人でたくさんだ。
●戒名はなくてもいい。天国で戒名がないからといって差別されることもないだろう。
●葬式が終わった後、「内々で済ませました」との通知だけ出せ。
●ママは世間があるからと言うかも知れぬが、納骨以後もすべて家族だけだ。
●何回忌だからといって、親戚を呼ぶな。通知をもらえば、先方は無理をする。
●それより、家族だけで寺へ行け。形見分けをするな。つゆが死んでも同じだ。

この遺言に、石田の生き方のスタイルが凝縮されている。祭壇は「下から二番目ぐらいに」とか、「戒名はなくてもいい」とか、なまなかに言えることではないだろう。

92年の2月に、作家の中野重治の遺言書が見つかったという記事が出ていた。中野が亡くなって13年になるが、遺言書には「中野重治の名を冠する文学賞、記念碑を作ってはならぬ」とある。

それと知らずに、中野の生まれた福井県丸岡町では、3年前に高校生の詩を対象に、「中野重治記念文学奨励賞」を設けた。それについて中野の長女の鰀目(えのめ)卯女は、

「父が嫌ったのは立身出世となるような文学賞。高校生の文学意識を高める趣旨の賞には賛成

のはず」

と話しているという。

『東京新聞』2月4日夕刊のこの記事には「逝って貫く清廉の文学」という見出しがつけられているが、さわやかな風が吹いてくるような石田や中野の話につらなる話を東洋水産の社内報に見いだした。

「ワッペン物語」と題した巻頭言で、筆者は同社社長の森和夫。

森は、私がある講演で、政治家や財界人が「長」の肩書を欲しがり、一度なるといつまでもやめないのは、勲章が目の前にちらついているからだ、と話したのに触れ、それは「時々聞く事だが正直言ってあんなワッペンが？　といつも半信半疑の感がする」と書いている。

森は軍隊に行き、「血と汗がにじんで居て、命がけの」勲章をもらった。それは「本当に有り難く嬉しく思った」が、申し訳なくも行方不明の状態。

そう前提しておいて、森はこう続ける。

「しかし戦後のものはたとえ他人様のものでも、高級品でも余り有り難いと思えない。正にワッペン的感覚だ。これは無礼、不忠者だからだろうか。唯断って置くが、勲章を頂く事を大変喜び且つ名誉と考える人に対しては共に喜びを分ち合うことこそすれ、決してケチをつけたりする気は全くない。

唯賛成出来ないのは受賞披露とかで、一流ホテルの大広間を買い切り、この忙しい時にも大勢の人を集めて祝賀会なるものを自ら開く事だ(表面は仲間や部下が主催者になって居る事が多い)。スピーチも余りいただけないものが多いし、それよりチョコナンと同席される、苦労をにじませた、しかし嬉しそうな令夫人（オバーチャンが多い）を眺めると全く気の毒に思う。

しかもこの経費は大体会社持ちか御祝儀でお釣りが来るというから尚浅ましく馬鹿げて居る」

## 宇野宗佑以下の勲章がうれしいか？

ここで話はちょっと変わり、森はシアトルに行くたびに、旧ソ連軍の兵隊などが売った勲章を買うことにしている、と語る

兵隊用は5ドルくらい。エラくなるに従って造作や色彩もよくなり、将軍用と思しきものは100ドル以上もするので高すぎて買えない。

「兵隊用でも流石ロシアのものは赤が多くワッペンとしては最高だ」という。

中国へ行くとき、おみやげとして、これを工場警備員にあげると、喜んですぐそれを着け、威儀を正して軍隊式敬礼をしたりするとか。

森も思わず真面目に答礼して決して悪い気持ちはしない。そう述懐しながら、森は巻頭言をこう結ぶ。

「たとえワッペンでも勲章のようなものをつけたりすると、どこの国も同じ感覚になるのだろう。そして欲しくもなるのだろう。

老害と言われぬよう、いや既に時と場所によってはまき散らして居るだろうが、毎日反省する。ワッペンはソ連ものとグリコだけにしよう」

最後は巧まざる皮肉なのだろう。

私が講演したのは、森の卒業した東京水産大の同窓会でだった。

その席には、大手の水産会社の元社長たちもいた。おそらく勲章というワッペンをもらった人も少なからずいたと思われる。

そういう人たちは森の先輩に当たると思われるが、森は頓着なく、大きな声で、

「勲章なんかもらう人の気が知れないなあ」

と言っていた。

どうせ、官尊民卑で、政治家よりは下位の勲章しか、経営者はもらえない。アノ宇野宗佑でも、首相経験者ということで勲一等はまちがいないだろう。

その宇野以下の勲章をもらってうれしいのか。私にはほとんど理解不能だが、ポーズでなく、本気で社長や会長が勲章を辞退したら、総務や秘書の仕事が大幅に減ることは確かである。

（『週刊東洋経済』92・6・27号）

## 東芝の秘密組織「扇会」の役割

### 「問題者」を職場八分にする会社

ここ何年かの東芝の経営者と、「企業再建の神様」早川種三を比較して、東芝の経営者のほうがすぐれているという人はいないだろう。

「社宅なんか体裁のいい軟禁施設だよ」

と喝破した本田宗一郎に比べても同じである。本田の長男の博俊は、

「ボクは自由に育ててもらって、本当に感謝してます。おカネも確かにもらったけど何より親父には自由をもらった」

と語っている。

早川にも本田にも自由人の雰囲気があった。形式にこだわらない彼らは、また異なるものを尊重した。

たとえば早川は、日本特殊鋼の再建の時、同社には共産党員が100人余りいるといって大森警察署がそのリストを持って来ると、

「ボクは働いてさえもらえば共産党でも大本教でも何でもいいと思っています。企業は教育の

場でもなければ政治の場でもない。組合は会社更生に協力すると言っているんですから、それだけで十分です」

と答えて、そのリストを突き返している。

それに比して、東芝の経営者の、何と姑息なことだろう。東芝グループの経営理念は「人間尊重を基本として、豊かな価値を創造し、世界の人々の生活・文化に貢献する企業集団をめざします」だというが、東芝府中工場に勤める上野仁に対する人権侵害と職場八分は、まったくそれを裏切っている。

これが上野ひとりに対する問題ではなく、とにかく「変わった考え方」をする人間を許さないのだということは、1974年春に結成された東芝の秘密組織「扇会」をみると、よく分かる。

これはインフォーマルな組織で「本社勤労部」を「生みの親」とし、「近代労使研究会議」なるものを「育ての親」としている。

そして、組合執行部を「健全派で固める」ことに力を注ぎ、配転などについても「配転に応じるという結論を出さねば職場におられないというムードを作る」ために努力してきた。

## スパイ組織の基本理念と〝実践〟

会社のスパイ組織ともいうべきこの扇会に、79年には「われわれの基本理念と活動の原則」

という文書を作成し、翌80年には「実践」と題したそれを作って会員に配った。

後者には「問題者への対応」という章がある。

彼らのいう「問題者」を判断するポイントは次のようなものである。

それこそ「問題」だと思うので、そのまま列挙する。まず、①職場での徴候判断のポイント。

●企業内（職場）では、行動に空白部分が多く昼休み時、終業後の行動が見当つかない。
●職場の問題、政治、社会、経済問題への関心と取り組みが強い。
●昼休み、その他の時間を直接関係のない人との交際や、人間関係づくりなどに活用するようになる。
●自主的な傾向が強くなり、職制に対する協調性が弱くなる。
●職場の同僚や、特に若年者と新入社員の悩みごとや苦情に対する世話役活動を積極的に行う。
●若い人を対象とした〝サークル活動〟に力を入れ、いろいろなインフォーマルグループをつくり、その中心となって面倒をよくみる。
●就業規則等をよく知り、有給休暇、生理休暇の全面行使など、権利意識が強くなる。
●職場での小さな苦情や職場要求が多くなり、不平、不満を組織化し、これを職場の代弁者として説得力ある発言を職場や職制にするようになると共に、職場問題を不必要に拡大発展させる傾向が強くなる。

●朝のお茶くみ、掃除、その他のサービス労働に抵抗するようになり、奉仕的な美徳をなくする方向に力を入れる。

●特別な理由もないのに、特定日の残業をしない。

●職制の言動をマークし、職制のいうことをよくメモにとる。

●昇給時に、同僚の昇給を聞いて歩いたり、上司、会社の査定についてい職制にいろいろ問い質す。

●職場で作業の変更、その他を進めようとすると、いろいろな形で実施にブレーキをかける。

●職場移転や配転では正当でない理由をいろいろ挙げて抵抗する。

●態度が反抗的になり、社用品の取り扱いが粗雑になる。

●雑談の中で自治、社会、政治を頻繁に出し大変勉強しているという印象を持たせる。

②が組合活動でのポイントで、以下、寮の中で、選挙時の動向等々、詳細にわたってチェックポイントが挙げられている。

「問題者」と判断するとどうするか。扇会の機関誌『おおぎ』にこんなことが書いてある。

「Bは二二歳、独者、性格もおとなしく、仕事も熱心である。職場での不満もないようだが、各週木曜日となると仕事に関係なく私用があるとの事で残業に協力してくれない。理由を聞いても話さず、尾行してみるが網にはかからない現状である」

扇会は発足時、1800名余りいた。これらの人たちは〝愛社心〟をもって、組合役員に立候補したり「問題者」を尾行したりしたのだろう。会社も、出世をエサにそれを〝督励〟してきた。

しかし、腐敗はまさにそこから生まれるのである。こんなことをしている東芝の経営者は、銀行・証券スキャンダルが、多数派の組合がまったく御用化して有名無実のものとなった銀行や証券に起こったということをどう考えているのだろうか。

ヤマト運輸元社長の小倉昌男は、「労働組合は企業の病気を知らせる神経だ」と言っている。それに倣って言えば、扇会のいう「問題者」は、まさに東芝の病気を知らせる神経ではないか。

それに気づかず、「若年者と新入社員の悩みごとや苦情に対する世話役活動を積極的に行う」ような人間を排除したら、職場はどうなるのか。

東芝元社長で経団連副会長の佐波正一はクリスチャンだといわれるが、まったく疑わしい。

(『週刊東洋経済』92・7・18号)

# 広く、深いブランド会社信仰

## 「大きい会社はいい会社」

「今回の講義を聞くまでは、私も社名が広く知られているほうが良い会社と思い込んでいましたが、講義を聞いて考え直す部分がたくさんありました。私には兄が二人いますが、二人とも、もう社会に出ています。一人は、大学を卒業して大手製薬会社に入社し、もう一人は、地元の音響の会社に入りました。給料や制度などだけを見ると、やはり製薬会社のほうがはるかに良いのですが、毎日朝7時に出て夜11時に帰るセブン・イレブンの生活で、土日も接待とかでまるまる休めないみたいです。私から見れば、生活のために働いているように思えます。一方の兄は、給料は安く、仕事もけっこう忙しそうですが、自分の好きな仕事をしているので充実しているようです。会社とは、生活するためのおカネ(給料)をもらうための場でもあるでしょうが、もっと自分の生きがいを見つけることのできる場が会社なのではないでしょうか」

これは、92年7月13日から17日まで、私が長崎大学で行った「現代日本企業論」ともいうべき集中講義を聞いた経済学部の女子学生の感想である。

医学部に入ったある男子学生はこう書く。

「小・中・高校生と、ずっと自分は、大人になったら、サラリーマンになり、標準的な家庭に落ち着き、死を迎えると思っていました。当然、企業を選ぶことからサラリーマンは始まるのですが、親からも、名の知れた企業のほうが給与の額も多く、豊かで、安定した家庭を築けると聞かされ続け、母親に至っては、勉強しないと父親のように安い月給しかとれず、家族に辛い思いをさせるとまで聞かされました。自分も、有名企業のほうが、他人に社名を言うときにカッコイイという思いがあり、高校時代も、東大めざし、頑張ったものでした。しかし、講義を聞いて、世の中そんなにうまい話ばかりではないということを知らされ、過労死と引き換えにブランド会社を手に入れることの恐ろしさを知りました」

経済学部の男子学生は、「おカネがたくさんもらえるから一流企業なのでしょうか、従業員数が多いから一流企業なのでしょうか」と問いかけ、同じく経済学部の女子学生は、「自分の中で会社というもの、特に一流企業と呼ばれるものを、どれほど美化しすぎていたか」を反省する。

私は具体的に、松下電器の朝会の模様や、日立製作所が熱心に行っている「みそぎ研修」などの話をしたのだが、何も知らされていない学生たちには衝撃だったようである。しかし、私は逆に、これらの感想を読んで、少なからずショックを受けた。

「いい会社は大きい会社」あるいは「いい会社は一流企業」、また、それを引っくり返して、「大きい会社はいい会社」、もしくは「一流企業はいい会社」というブランド信仰がいかに広く、そして深く、流布（るふ）しているかを、思い知らされたからである。

もちろん「大きな会社」がダメで、「中小の会社」ならいいわけではない。問題は「大きい会社」ならまともだろうと、みんな信じ込んでいることである。一流の都市銀行で日常的に「サービス残業」が行われていることなど、学生たちには想像もできない。だから、「自分は、どの企業でも残業手当は付くものと思っていました。それで、先生の話を聞いた時にはびっくりしました」ということになる。教育学部の次の女子学生の問いには、企業のたとえば人事の人に代わって答えてもらいたいくらいである。

「私は自分の就職を考えたときに、女であるがゆえに不利になることが多いことを知った。それを知った時、かなりのショックを受けたが、女でも男とかわりなく仕事をしたいと思った。企業では女についてどう思っているか、今でもお茶くみロボットとしか考えていないのか、改善はできないのか、それも会社の上の役職の人にゆだねられているのか、バブル崩壊のしわよせは女にくるのか、ぜひ聞きたい事柄です」

私は「大丈夫だよ」とは言えないからである。

## 自社を誇れぬドレイの父親

労働組合には期待できないのかと尋ねてきた学生もあったが、それに対して肯定的に答えられる人は、よほどの楽天主義者か、ノーテンキな人間だろう。

工学部の男子学生の次のような感想も切なくなるものだった。

「僕の父も三菱重工で働いているのですが、セブン・イレブンの生活です。母の話によれば、父は朝5時ごろから仕事をしていて、夜10時か11時ごろ帰って来て、また仕事をしているそうです。僕は高校生のころは塾に通っていて、夜の12時過ぎに帰って来て、朝7時に起きるという生活をしており、同じ家に住んでいながら、父の顔を見ない、ということがよくありました。また、父は中堅管理職で、部下の残業はつけても、自分の残業は80時間ぐらい流してしまう（サービス残業）と聞いたことがあります。

母の言うには、父は会社のドレイだそうです。僕は工学部ですが、昔、じょうだんで『職がなかったら三菱に入れて』と父に言ったら、父は『ぜったいにやめろ』と一口言っただけでした」

長崎は三菱重工の街である。長崎造船所長は重工の社長になるための必須のステップとも言われる。

200人を超える学生の中には、次のようなヒョウキンな者もいた。

「佐高さん、初めまして。テレビで時々見て、話は聞いています。いままで、やはり僕も、良い会社という基準に名の売れた大きな会社を考えていました。佐高さんの話を聞いて、自分みたいな若者が多いから、過労死が絶えないのだと思いました。若者の過労死の話を聞いて、僕の知り合いの兄さんが有名な電気会社に入り、精神的に参って二年ほどで帰って来た話を思い出しました。僕はその兄さんが気が弱く根性がなかったのではという考えもなきにしもあらずでしたが、講義を聞いて、そうではないという気持ちになりました」

（『週刊東洋経済』92・8・8号）

# 鐘紡の「問わず語り」

## 『役員室午後三時』の読み方

だまして下さい
言葉やさしく
よろこばせて下さい
あたたかい声で
世慣れぬ私の心いれをも
受けて下さい
ほめて下さい
ああ貴方には
誰より私が要ると
感謝のほほえみで
だまして下さい

これは永瀬清子の「だまして下さい言葉やさしく」という詩である。

この詩について私は、「これは、女が男に向かって告白している詩ではなく、部下が上役に向かって心情を吐露している詩だと思う」と言ったことがある。

鐘紡の新社長、永田正夫が社長内定後の記者会見で、

「入社以来歩き方まで伊藤（淳二）会長に教わった。会長を尊敬している」

と真顔で言うのを聞いて、私はこの詩を思い出した。

たしか、この詩は、「そのとき私は思い上がって　傲慢になるでしょうか　いえいえそうはならない」と続く。

伊藤が日本航空の会長になり、それを批判する本が出されようとした時、鐘紡専務だった永田はそれを買い取り、断裁処分した。

こんな忠臣ならぬ〝忠犬〟を社長にするのはおかしいと『週刊現代』の「今週の異議アリ」に書いたら、二度も配達証明の抗議文が来た。

自分が献身をした人間は、無意識裡に部下にもそれを要求する。

そうでなければ、社長に決まった人間が、「歩き方まで教わった」などと、バカなことを言うはずがないだろう。

伊藤が献身をしたのは、鐘紡のヒトラーならぬムトラーこと武藤絲治だった。

名門企業の御曹司社長である武藤と、新たなる発展のためには、自らを引き上げてくれたそ

の恩人をも斬らねばならなかった伊藤淳二現名誉会長との新旧交代劇は、城山三郎の名作『役員室午後三時』（新潮文庫）や、清水一行の『鐘の鬼』（双葉社）に活写されている。

城山作品では、鐘紡の武藤社長こと「華王紡の藤堂社長」を、伊藤がモデルである腹心の矢吹企画室長に強い警戒心と猜疑心を持ちながらも王者の風格を持って振る舞う人物として描いているが、清水作品では、

「この数年間、坂上祥三は異常な猜疑心に憑かれた大淀紡績社長、西原万治の信頼を外さぬよう、強く自分につなぎとめておくことにだけ絞って、すべての行動を組み立ててきた」

と書き出され、伊藤は43歳の新進の坂上常務として描かれている。

西原（武藤のモデル）は、料亭の女中を強姦同様にして犯し、「おい、アルコール！」と言って、秘書課長にその女中と接触した部分の消毒をさせる偏執狂的人間として描かれている。

そして、清水はさらに、突っ込んで、

「経営の堕落は、経営トップの公私両面の姿勢を、利己的、刹那的に変えてゆくものである。現に西原万治社長関係の年間機密費は、一億五〇〇〇万円をはるかに越えていた。もちろんこの大部分は、経営の展開とは無縁な個人的消費や、一年に四、五回にものぼる社用とは関係のない西原夫妻交互の海外旅行と、その都度買い集めてくる貴金属類の蒐集資金だった。

西原社長がいかに専制ワンマン社長であろうと、西原の社長としての給与や賞与だけでできる浪費の単位を、それは遥かに越えていた。しかも西原夫妻は、海外で買い集めた貴金属類を、

堂々と税関を通して持ち込む。当然買い集めてきた貴金属にたいする税金は、再び大淀紡績から支払われることになる。だが、西原万治はそのことにただの一度も罪悪感を感じたことはない。妻のつる子に至っては、それも大淀紡績社長の権限と錯覚していた」

と書いている。

この社長の下で、「加納秘書課長」も社用の飲食費にまわして何人かの情婦を抱えると、〝内幕〟が暴露されている。もちろん、小説的誇張もあるだろうし、西原社長のモデルの武藤については、城山作品の藤堂の「落日の王者ぶり」とバランスさせて読まなければならないだろう。

## 人間・伊藤淳二の「正解」と「誤解」

ただ、伊藤淳二は城山作品を喜んでいない。佐藤正忠が『伊藤淳二の研究』(経済界)という伊藤賛歌の本を書いているが、その「はじめに」に伊藤ほど「経営者として誤解と中傷の中からスタートした人物はいない」とある。

その原因となったのが城山の小説で、佐藤によれば、「その主人公は、労組を自分の味方にして、クーデターで社長の座を射止めていくというストーリーだが、これはまったくのフィクションである。私が会ってみた伊藤は、人間として大きくて、なんとも表現し難い魅力を感じる存在であった」とか。

それで佐藤が、伊藤に、「あなたは、ずいぶん誤解されていますね」と言ったら、伊藤は、「城山さんの本ですか」と笑ったという。

そして佐藤は〝徹底取材〟して前記の賛歌を書いたのだが、「そこには、城山三郎の作品とは余りにもかけ離れた世界があり、人間・伊藤淳二がいた」とし、城山に次のような注文をつけている。

「小説家が作品を創造するのは自由である。しかし、モデルとされる側の迷惑に対し、何かしら配慮するのが小説家の作法ではなかろうか」

これを読んで、私は「問わず語り」という言葉を思い出した。城山は別に、この作品のモデルは伊藤だと吹聴しているわけではない。それを、こうまで力んで否定するのはむしろ当たっている部分が少なくないからではないか。

鐘紡の社長を16年間もやり、日本航空の会長となっても鐘紡の会長をやめなかった伊藤を、私は佐藤のように「立派な人物」だとは思わないが、ともあれ伊藤は、佐藤正忠からは「正解」され、城山三郎からは「誤解」されたということになる。

伊藤は、作家の山崎豊子とは親しいらしい。その山崎は伊藤に、「伊藤さんは一度、城山さんに小説で迷惑かけられていることを話されたら」と言ったというが、山崎は劇作家の菊田一夫との対談では、日本人は小説を小説として読む訓練が足りない、と逆のことを言っている。

(『週刊東洋経済』92・9・5号)

## 〝企業教〟と〝統一教会〟の信者の質

### 日本の会社は宗教的共同体

宗教問題に詳しい日本女子大の島田裕巳助教授と対談して、統一教会の話になり、

「霊感商法をそんなに非難できるんですかね」

と言われて、言葉を失った。

因縁話をして壺などを売りつける霊感商法と、一般的なビジネスがそんなに違うと言い切れるかという意味だったが、たしかに、架空預金証書による巨額の不正融資が軒並み発覚した銀行に、あの商法を批判する資格があろうとは思えない。

霊感商法と合同結婚式は密接な関係があり、合同結婚式に参加するために懸命になって壺などを売るらしい。

とすれば、京セラなどの「従業員の墓」と似ているとも言える。一方は結婚式で、一方は、希望者が死後に入れる墓だから、まったく違うと京セラなどは色をなして反論するかもしれないが、大体、日本の会社はほとんど宗教的共同体なのである。

京セラ教であり、トヨタ教であり、松下教。ミツビシやスミトモ等の旧教もあれば、リクルー

ト、佐川などの新興宗教もある。

宗教が排他的性格を持ち内部において言論の自由などがないように、日本の会社も批判をゆるさない、と言うより、そもそも批判など出てこない。

そこで外部からの批判が大事になってくるのだが、日本のマスコミのいいかげんさは目をおおうばかりである。

思いつくままに挙げると、まず、金丸信の自民党副総裁辞任劇におけるぶざまさ。5億円もらったと告白している金丸に、その使途も聞くことができない。思わず、私は購読料を返せと言いたくなった。

国民の怒りを代弁せずして何が公器か。あの場にいた腰ぬけ政治記者たちの名前をすべて公表せよ、と言いたいくらい腹が立った。

また、統一教会の広報に、いいようにあしらわれた各テレビ局。韓国では、ほとんど注目されていない合同結婚式の中継にバカ騒ぎをした彼らは、彼の地では笑い物だったという。唯一、TBSだけが突っ張って、統一教会から取材拒否を受けた。それこそが勲章だろう。

最も問題なのは、さまざまないやがらせを受けながら統一教会を批判してきた有田芳生を名指しで、起用するな、という文書を、統一教会がマスコミ各社に配り、その結果、一時、各局が有田の起用をやめたことである。

92年7月4日に統一教会の広報部長名で送付されたそれは次のようなものだった。

「6月25日山崎浩子氏の東京麴町・食糧会館における共同記者会見後、マスコミ各社から当教会への取材申込が殺到しております。可能な限りの資料提供と取材協力をいたす所存でおります。

ただし、有田芳生氏は当教会に対して、事実誤認はなはだしき報道を続けています。当教会としては、彼のジャーナリストとしての良心に対して強い疑念を抱いております。

同氏に関する資料を同封いたしますので、ご参考下さいますようお願い致します」

PKO批判発言が多いとして、厚相の山下徳夫が「ニュースステーション」のキャスター・久米宏を非難し、スポンサーの企業の商品の不買運動を呼びかけたのは、まだ記憶に新しい。ニュースステーションに対しては、前にも、自民党の幹部が難癖をつけ、スポンサーの一つだったトヨタ自動車に圧力をかけるということがあった。そのせいかどうか、トヨタはいま、同番組のスポンサーではない。

このように、自民党にだけ圧力をかけさせるのではなく、視聴者もたとえば統一教会の宣伝番組など見たくないと電話をかけたりすることが必要だろう。

## 脅迫状まで驚くほど類似

有田の著書『統一教会とは何か』（教育史料出版会）によれば、有田はこんな脅迫状をもらっている。

「有田芳生殿

はじめまして。私は統一教会の食口(しっく)（教会員）です。あなたの書いた『文藝春秋』5月号の記事、読みました。とてもおもしろく拝見いたしました。

――あなたさぁ、一体、誰の回し者!?　情報源は、元世界日報の社員でしょう!?　きっと。統一教会の悪口を書いて、そんなにおもしろい!?　何かいいことあったの!?

教会員がこんなもの読んで、ビビると思う？　やめると思う？　離れると思う!?

――誰も離れないよ。

元教会員の回し者さん。いい加減こういう子どもみたいなことするの、よしなよ。大人気ないよ。情けないよ。

（中略）あんたね、〝経済〟のことよく調べてたけど、『一和のメッコール工場がつぶれた』は本当だけどさ。だいたい、メッコールが売れると思う？　味、知ってる？　まずいんだよ。……食口もみんな、おいしいって言う人少ないよな。ま、し方のないジュースなんだよ。まずいもんは売れないよ。したがって工場もつぶれる、と。

あんまり経済のことは書くなよな。

文（鮮明）先生も世界を飛び回っていろんなVIPと会うからさ、お金がいるんだよ。

あんたも『献金』する？　よかったらしてくれよ！　世界中で日本が一番、お金持ちなんだよ。わかるでしょ!? だから、日本はお金を出さなきゃならない。
文先生は私利私欲でお金をあつめて使ってるんじゃないんだよ。文先生が、あるＶＩＰに招待されて、御馳走を出されたとするじゃない? 次の日はね、必ずファーストフードで済ますんだよ。カンタンな食事にするの! これ、本当の話」

以下略すが、ここに長く引いたのは、有田宛てのこの脅迫状と、私に来る匿名の手紙の雰囲気がよく似ていると思ったからである。

私の場合、大抵は企業の人からだが、「信者」ということでは同じなのだろう。企業教の信者と、統一教会の信者とが。では、そのビジネスにおいて、はっきり違っているか。

私はそれを、企業教の信者たちに答えてもらいたいと思う。自らが企業教を信ずる、あるいは虜(とりこ)になっている態度と、統一教会の信者たちとのそれとに違いがないのかどうか、比較させながら。

(『週刊東洋経済』92・9・26号)

# PART 3 現代日本白書

# 亡命ユダヤ人を救った杉原千畝外交官

## 1940年「リトアニア事件」の発端

走り出づる列車の窓に縋りくる
手に渡さるる命のビザは

1940年9月1日、リトアニア駐在の領事代理だった杉原千畝(ちうね)の妻、幸子(ゆきこ)は、ベルリンへ向けて走り出す列車の窓から夫が身を乗り出してユダヤ人にビザを渡す情景をこう歌った。

1913年、岩手県遠野に生まれた幸子は当時まだ20代である。そのほぼ1ヵ月前の7月27日朝、リトアニアの首都カウナスの日本領事館は、突然、姿を見せたユダヤ人たちに囲まれた。ナチス・ドイツの「ユダヤ人狩り」の手を逃れ、ポーランドからほとんど着のみ着のままやって来た人たちだった。いたいけな子どももいる。

彼らは、日本通過のビザを発行してほしいと要請した。しかし、日本は4年前の1936年にナチス・ドイツと日独防共協定を結んでいる。日本領事館がユダヤ人にビザを発行したことがわかれば、杉原はゲシュタポに命をねらわれかねなかった。

しかし、目の前のユダヤ人たちは必死に助けを求めている。

当時5歳だった長男の弘樹が、

「あの人たちは何しに来たの？」

と幸子に尋ねた。

「悪い人に捕まって殺されるので助けて下さいって言ってきたのよ」

幸子がこう答えると、弘樹はさらに、

「パパが助けてあげるの？」

と尋ねた。

幸子は言葉につまりながらも、

「そうですよ」

と言い、息子の頭を抱き寄せた。

「助けてあげようね。かわいそうだから」

と、弘樹は言ったが、ユダヤ人を「助ける」ことは、この子をも危ない目に遭わせる可能性があるのである。

「そうですよ」という幸子の言葉は、自分の覚悟を定めるためのものでもあった。

その結論に至るまで、杉原夫妻は悩みに悩んだ。

ビザ交付の決断に迷ひ眠れざる
夫(つま)のベッドの軋むを聞けり

『白夜』等の歌集をもつ幸子は、こう歌っている。

千畝は、それからほぼ1ヵ月後に日独伊三国軍事同盟を結ぼうとしていた外務大臣の松岡洋右に、ビザ発給の許可を求める電報を打った。外務省きってのロシア通だった千畝は直通のルートを持っていた。

もちろん、外務省の反応は否である。それでもまた、許可を求めて来る杉原について、外務省のトップの間では、こんな会話も交わされていた。

「杉原君は、ユダヤ人を助けようとしているのじゃないだろうな」

「まさか。彼もそこまではやるまいよ。外務省と軍部との関係は、だれよりも彼がよく知っているはずじゃないか」

「でも、万一ってことがあるからね」

「どうかねぇ。リトアニアはドイツの目と鼻の先だ。そんなところでかい？」

「そうだな。ドイツのあの破竹の勢いを直接感じているのは、われわれより杉原君のほうだからな。何も好んでドイツの癇にさわるようなまねをするわけはない」

「今は、松岡さんが三国同盟を結ぶためにがんばっておる。そんなときに、ユダヤ人を助けたりしたら、日本とドイツの関係に水をさすことになるんだ。彼も外交官なら、そんなことができるわけがないよ」

杉原のことを書いた篠輝久の子ども向けの本、『約束の国への長い旅』（リブリオ出版）に引いてある会話だが、杉原のことをよく知る人は、しかし、こう言っていた。

「君たちは、杉原君のことをわかっていないな。彼は、殺されかかっているユダヤ人の子どもを放っておけるような男じゃないよ。ことによると、彼はやるかもしれん……」

とはいえ、杉原夫妻の懊悩は続いた。

そして遂に、千畝は外務省の命令に背いてビザを出すことを決心する。

## ユダヤ人に「六千人の命のビザ」を発給

「いいだろう？」

と確認する夫に、妻は強く頷いた。

「あとで私たちはどうなるかわかりませんが、そうして下さい」

千畝は外務省をやめさせられることも覚悟していた。

「いざとなれば、ロシア語で食べていくぐらいはできるだろう」

不安をまぎらすようにつぶやいた言葉を幸子は聞いている。

「ここに百人の人がいたとしても、私たちのようにユダヤ人を助けようとは考えないだろうね。それでも、私たちはやろうか」

幸子が書いた『六千人の命のビザ』（朝日ソノラマ）によれば、千畝はさらに、幸子の顔を正視して、こう念を押したという。

この時の心境を、いまは五十代半ばになった杉原弘樹が〝解読〟する。

「おふくろが、やっちゃいなさいと言ってるはずですよ。あの気性だと、決定についての関係は五分五分でしょう」

つまり、千畝が独りで決断し、幸子は黙ってそれに従ったわけではないということである。息子が、のちに考えてみれば、「五分五分」だった。

決して出しゃばりというのではなく、むしろ、夫と自らのことも「当たり前のことをしただけですよ」という以上のことは語りたがらない幸子なのだが、この年代の日本の女性には珍しく、凜とした感じがある。喜寿を過ぎてなお、背筋はピンと通っている。

挙措にも言動にも、インデペンデントの精神が強く感じられる彼女に「決断」の状況を尋ねた。

「主人と二人、本当に悩みました。私は小さな赤ん坊がいましたので少し休みましたが、主人は最初の晩は寝てないと思います。次の日にまた大勢の人が押しかけてきて、代表の人が、どうなったかと言われましたが、まだ、決断はつきませんし、とにかく、本国の意向を聞くからといって引き取ってもらったんです。しかし、案の定、こちらの至急電に対する返答はノーなんですね。

この晩も二人で考えました。主人が、彼らは最後の頼みの綱として自分を頼って来た。脱出できなければ全員殺されてしまうかもしれない、と私に言うんですね。私も、やはり助けなければいけないんじゃないですかと申しました。主人ももちろん、同じ考えなんです。自分自身の命、家族の命に比べると、何千人という人の命がかかっている。子どもたちを含めて、ユダヤ人たちは大変な思いをしてカウナスまで来たわけですからね。窓から彼らを見ていると、何とか助けなければ、自分たちのことだけを考えていたらダメだという考えになってきました。

それで三日目の朝に、主人は、神の意思に背くことはできない。自分たちのことを考えて逃げていたら神に背くことになる、やろうと私に言いました。私もいいでしょう、と申しました。その段階で、私たちも退去を命ぜられていたんですね。オランダなど周辺の領事館はすでに退去していて、私たちもボツボツ退去しようとしていた矢先に、彼らが来た。ですから、ユダヤ人たちは非常に運がよかった。私たちが退去した後だったら、彼らは脱出できなかったわけですから」

幸子の口調に、「特別のことをした」という昂(たか)ぶりは少しもない。

千畝と幸子という二人のロシア正教徒にとって、この「決断」は、「彼らのため」という自分の外の問題ではなく、「神と自分」という自分の中の問題だったからだろう。

幸子の淡々とした語り口に甘えて、少し踏み込んだ質問をした。「ご主人が踏み切る時に、ちょっとでも奥さんがためらいを見せたら、できなかったわけですよね」と。

すると彼女は、

「ええ、それは主人も申しました。厭(いや)だと言うのだったらやめるよと」

私が続けて、
「厭だと言わないことを見越していたんでしょうね」
と尋ねると、彼女は笑みを浮かべ、
「私の性格をよく知っていましたよ。私は男みたいな性格で、やろうと思ったことはとにかくやるという性格ですから。子どもたちも窓から見ていて、かわいそうだから助けてあげようよ、と言っていましたし」
と答えてくれた。

## 個を主張した妻、差別許さぬ夫

幸子と千畝は13歳違う。幸子は、男性に従属することになる結婚はしたくなかった。小さいころから、おてんばで、勝ち気だった彼女は、作家になろうと思っていた。

一時は宝塚入りを夢見たこともある。

長男の弘樹は、母親のことを、学芸会っていうと主役になって出てくる目立つ子だったらしいですよ、と語る。

「私が、私が」と自己を主張するので、妹たちからは、「アタシガ」と綽名(あだな)されていた。

ヨーロッパ滞在中は、弦の六本あるギターを、教師について習っていた。帰国する時、荷物が多くて、父親の千畝が置いて来たので、のちに、母親に、ギターを買わされたことがあった、とも息子は証言している。

音楽から文学にという幸子の志は、いま、歌人となって息づいている。

「パリにでも行って大きな美容院をやりたいと思ったこともあります。人をきれいにするために自分の個性を生かしたいと考えたんですが、それはできない時代でしたからね、いまならできるかもしれませんけど」

「ゼイタクはステキだ」ではなく、「ゼイタクは敵だ」の時代だった。その時代に、女性というハンディを負いながら、幸子は自らの個を主張した。個性を押しつぶす時代に、夫とともに「命のビザ」を出そうという決断を下した。

生命保険会社に勤めていた幸子の兄が外務省に出入りしていて、千畝と知り合い、千畝が幸子の家に遊びに来るようになって、幸子は求婚される。

千畝34歳、幸子21歳だった。

「どうして、私と結婚したいのですか?」

と尋ねる幸子に、千畝は、

「あなたなら外国へ連れて行っても恥ずかしくないから」

と答えた。

それから、筆舌に尽くせぬ苦難を経て、いま、彼女は、

「やはり、この人なら、ということはありました。人を見る目があったんです」

と静かに笑う。

親に背いて医者にならず、苦学して早稲田に入った千畝は、学生時代、沖仲仕のような仕事をやったこともある。

生来、男だけを大事にする日本の風潮に批判的で、つねづね、

「男の子も女の子も、同じように育てなければならない」

と言っていた。それがユダヤ人だからといって差別する考えに同調することができなかったゆえんだろう。満州国の外交部次長となり、外務大臣の椅子が約束される地位に就きながら、日本の政治家や軍人が、中国人を虫ケラ扱いするのにガマンできず、千畝はそのポストをなげうっている。

男女平等の精神は、もちろん妻に対しても発揮され、二人でウイスキーを一本あけたこともあるという。女は酒を飲んではいけないなどという考えはつゆ持たなかった。

「二人とも、呑ん兵衛でしたよ」

と幸子は笑う。

そんな二人に襲いかかったのが、のちに外務省内で「リトアニア事件」と呼ばれることになるユダヤ人へのビザ発給である。

## 「抗命」の罪問う外務省の非情

ビザを待つ人群に父親の手を
握る幼な子はいたく顔汚れをり

千畝は「抗命」してビザを書き続ける。昼食もとらず、睡眠時間も削って、書き続けた。リトアニアを占領したソ連からの退去命令も厳しく、本国からも、領事館を閉鎖して直ちにベルリンへ行けという電報が届く中で、千畝はギリギリまでビザを出し続けた。前述したように、発車まぎわまで書き続けたのである。

それに対しては何の咎(とが)めもなく、それからチェコの総領事などをやって、戦後、帰国して、千畝は「抗命」の罪を問われる。その間、ソ連軍に捕まり、ラーゲリでの生活も経験した。ロシア語が達者なために、スパイの容疑をかけられ、厳しい取り調べも受けた。

そんなつらい思いをして帰ってきた千畝を待っていたのは、外務省の辞職勧告だった。これからは平和のために仕事ができると、外務省に次官の岡崎勝男を訪ねた千畝は、

「杉原君、自分がリトアニアで何をして来たか、わかっているでしょう。命令が聞けない人に外務省にいてもらっては困ります。やめて下さい」

と言われる。

千畝は、一瞬、声をのんだ後、

幸子は、ルーマニアのブカレストで、ただ一人、パルチザンに囲まれ、銃口を当てられて、

「撃つなら撃ちなさい！　私は日本人です」

と日本語で叫んだこともある。

そのとき、彼女は死を覚悟して、そんなに動揺はなかったという。

そういった気持ちを常にもって、幸子は千畝と行動を共にしてきた。

リトアニアで「命のビザ」を発給されたユダヤ人は、

「どんなに月日がたとうとも、私たちは、必ず再びあなたの前に立ちます。そして、ユダヤ民族の碑に、あなたの名前を刻みます」

と誓い、日本の外務省が杉原千畝について何も消息を教えなかったのに、あきらめずに探して顕彰した。

91年の7月7日、日本テレビの「知ってるつもり!?」で杉原千畝のことが取り上げられ、それを見た中学生が、どうして教科書には杉原さんのことが出ていないのか、東郷平八郎のことを教えるより、杉原さんのことを教えたほうがずっといいのではないか、という手紙を幸子のところによこしたという。

「わかりました」

と答えるしかなかった。

## 突然の脚光に〝今さら何を〟の謝罪

千畝を顕彰するどころか、クビにして放り出したままの外務省や政府が驚く日が来た。

1985年1月のことである。イスラエルの、当時、外相だったシャミル(元首相)が来日し、歓迎レセプションが開かれた。当時の首相、中曽根康弘や外相の安倍晋太郎も出席したのだが、85歳だった杉原千畝も駐日イスラエル大使に招かれて出席した。イスラエル政府は千畝を会場の真ん中に呼び、中曽根と安倍に、

「杉原さんは、ユダヤ民族の命の恩人です」

と紹介したが、この時点で二人とも、杉原については何も知らなかった。

「諸国民の中の正義の人」賞をイスラエル政府からもらった杉原のことをマスコミも大きく報じたが、しかし、その後も、外務省は彼の名誉を回復することはなかった。

それなのに、何と、91年の5月30日、イスラエルを訪れた外相の中山太郎は、レヴィ外相主催の晩餐会で、こんなスピーチをしたのである。

「私は、日本国民の一人として、人道に基づく杉原領事の判断と行動を深く誇りとするものであります」

厚かましさにも程があるというべきだろう。この時点で、中山外相下の外務省は杉原とその遺族には何の謝罪もしていないのである。

外務省はさらに、10月3日、厚顔の上塗りをする。

バルト三国との外交関係樹立のためにリトアニア、ラトビア、エストニアを訪問することになった外務政務次官の鈴木宗男が、杉原夫人の幸子と長男の弘樹を外務省の飯倉公館に招いて〝和解〟を求めたのである。ユダヤ系社会を中心として国際的に杉原の評価が高くならなかったら、おそらく、「意思の疎通」を求めなかっただろう。

また、リトアニアと外交関係を結ぶという必要がなかったら、幸子の『六千人の命のビザ』を読んで感銘を受けたという口実で、幸子に会おうとしなかっただろう。

この時の会見について、幸子はこう語る。

「正直言って、今さら何をと思いました。せめて主人が生きているうちならともかく、主人が亡くなった今となっては何にもならないことです。主人が外務省をやめさせられた後、どれほど苦労したか、死ぬまでどれくらい苦しんだか、私はよく知っていますからね。外務省が謝罪してくれたということは認めますけど、そんなことを今さら言われても、主人が還ってくるものではないんです」

リトアニアにはスギハラ通りという通りがある。

「リトアニアに行く前に私に会っておかなければ、外務省は何やってたんだ、と言われるでしょう。向こうに行ったら、スギハラの家族はどうしてるんだと聞かれるでしょうからね。そのとき、知りませんとは言えない」

外務省の同僚たちの中には、「杉原はユダヤ人にカネをもらって助けてやったのだから、カネには困らないだろう」と、とんでもない噂をする人もいたという。まさに、下司の勘繰りである。そんなこともあって、千畝は戦後、外務省との縁を絶って来た。それなのに、利用しようとする人間たちは、口をぬぐって、スギハラの名を口にする。

11月12日夕、日本ユダヤ教団で開かれる杉原千畝記念財団(米国法人)東京事務所開設記念パーティーにも、そういう人たちが少なからず来るだろう。

助けられたあるユダヤ人は、杉原千畝を「神から遣わされた方」と言っているが、その彼と生涯を共にして悔いはなかったと語る幸子は、そんな人たちに交じっても、淡々として、その夜の「主役」をつとめると思われる。

千畝のやったことが脚光を浴び、急に忙しくなって、好きな鎌倉山もあまり散歩できなくなり、「いったい、どうしてこんなことになったのかしら」と首をかしげる彼女だが、最近、こんな歌をつくった。

シベリアよりはるばると来し白鳥の
なかの一羽は亡き夫ならむ

外務省を離れ、ソ連との貿易の仕事をするようになってから、千畝はモスクワにいることが多く、年に1回帰って来るぐらいだった。だから、いまも幸子は、千畝が亡くなったとは思っていないという。

(『サンデー毎日』91・11・24号)

# 会社大国ニッポン、バンザイ

## 〝個人〟を謳う政府の「報告」とは

中島みゆきの歌う「時代」には、こんな一節がある。

〽まわる
まわるよ
時代はまわる
喜び哀しみ繰り返し

たしかに「時代はまわ」って、政府（経済企画庁）の諮問機関である「国民生活審議会総合政策部会」の「報告」に「生産・企業優先から個人生活優先への転換」が謳われるようになった。

しかし、その内実はどうなのか。

役所の文章というのは、それについて何か書くとかいう義務感めいたものがなければ読み通せない。

Aでもないし、Bでもない。いや、AでもあればBでもあって、それにCとも言えるのである等々。

結局、何を言いたいのかはっきりしろと苛立ってきて、途中で投げ出す。ほとんど例外なく、私はこうしたパターンで読み通すのを放棄してきたのだが、この「報告」も例外ではなかった。途中で「言えるかも知れない」という言葉が出て来て、ヤッパリと、いささかならずゲンナリ。

お役所なりに、「大状況」と「小状況」を噛み合わせようとしてか、この「報告」には「目玉商品」のように、新国民生活指標(PLI;People's Life Indicators)なるものが登場する。そして、その「個人の生活構造変化の把握」の指標として、「高齢化」「国際化」「集中化」「情報・サービス化」「クリーン化」が設置されているというのだが、こうしたキレイな言葉で何がすくいあげられるのか。

大体、この「報告」はその前提において間違っている。

「企業中心社会の形成」の項で、「いわゆる〝日本的経営システム〟」に触れ、「新卒一括採用、終身雇用、年功序列賃金や幅広い職場内移動によるゼネラリスト育成などの雇用慣行は、若年労働者が相対的に豊富な人口構造や一般的な職業訓練・教育機会の未整備、年金制度の未整備等を背景に、経営者・従業員双方にとって経済合理的なものであったといえよう」と指摘しているが、こうした認識にたって、「個人を主役とする社会システムの形成」など、とうていできない。

## 「日本的経営」についての〝甘い〟認識

そもそも、「日本的経営システム」が、そこに働く個人を押しつぶしたのであり、それを「経済合理的なものであった」などと、お役人的に、あるいは日向水（ひなたみず）のような学者的に、どっちつかずのアイマイ文章を書いていては、個人の復権へ一歩も踏み出せないのである。

日本的経営システムの現状とその罪について、まったく認識がないから、こんなノンキな文章が書ける。

たとえば、修養団という戦前から続いている社会教育団体があり、そこでやっている「みそぎ研修」（フンドシ一つの裸にして、伊勢神宮を流れる五十鈴川に肩まで入らせる）に、日立製作所をはじめとした「一流企業」が１９９２年の現在も社員を参加させている。

この修養団の初代後援会長は渋沢栄一であり、現在の後援会長は三菱グループの長老、大槻文平（注・92年8月9日物故）、副会長には住友の日向方齊、三井の小山五郎、日立製作所会長の三田勝茂が名を連ねている。土光敏夫や松下幸之助、そして安岡正篤もその熱心な支持者だった。

この「みそぎ研修」の指導者は「バカになって物事に挑むきっかけをつかませるのだ」といっているが、寒中に肩まで水につからせるような研修を、いわゆる「日本的経営」の下、各企業がやっていることを、この「報告」の執筆者はどう考えるのか。

多分、こんなアナクロニズムが日立や松下電器、あるいは住友金属工業といった企業で現に行われていることを、この筆者はまったく知らないだろう。だから、平気でこんなことが書ける。

「これまでの成果は成果として、我々は誇りとし大切な財産とすべきである。企業という経済的ツールを効果的に利用する日本的経営システムという手法を編み出したことについても誇っていい。日本的経営システムは、諸外国に受け入れられ広まろうとする兆しが見られるように優れた面をもっている」

こうしたお役所の文章には、固有名詞が出てこない。トヨタが出てこないし、松下も出てこない。

いい意味にせよ、悪い意味にせよ、NHK的にそれを避けているのかも知れないが、それでは具体的に問題は捉えられない。

「企業中心社会の弊害」の問題として、たとえば、トヨタの「かんばん方式」を取り上げたとき、はじめて問題は明確に析出されるのである。

ジャスト・イン・タイムの「かんばん方式」は、たしかに「諸外国に受け入れられ」たかも知れないが、それは「誇ってもいい」システムなのか。

自分のところは在庫も倉庫ももたず、部品会社に対して必要なときにはいつでも部品をもってこさせるその方式は部品会社を泣かせるだけでなく、公共の道路を混雑させる。これほどパブリック無視のシステムもないのである。

私は「かんばん方式」を「道路を倉庫がわりに使う方式」と批判してきたが、具体的にこうした例を挙げてシャープにそれを分析するのではなく、ただ、すべてが悪かったとはいえないなどとまとめていては、深刻な問題の本質にまったく迫れない。「気がつけばみな会社人間」などと、ベストセラーをマネた言葉を使ったりしているが、「気がつけば」ではなく、「みそぎ研修」や「地獄の特訓」などの非常識な研修によって意識的に「会社人間」をつくったのである。

それがまさに「日本的経営システム」なのであり、それについて「誇っていい」などという前提でなされる分析が信用できるはずがない。

ここに出てくる「公害隠し」や「土地転がし」という言葉を借りれば、この「報告」はまさに「問題隠し」の「言葉転がし」である。

企業中心社会の弊害、問題点は多岐にわたるとして、「報告」は次の3点などを例示する。

(1)企業をはじめとする組織の論理が個人生活を覆い過ぎている。あるいは個人生活と一体化し過ぎていることに起因する問題。

(2)企業と個人の間に存在する制度上の取り扱いの差に起因する個人の不公平・不公正感など。

(3)企業の利益追求の行動が累積し、結果として人々の生活を貧しくしてしまうなど。

繰り返すが、これらはまさに「日本的経営システム」が生んだものであり、それを良しとして、その改善策を練ることはできない。

## 大状況が小状況を押しつぶす過労死

私はこの夏、長崎大学で「現代日本企業論」ともいうべき集中講義をした。

それについて、工学部3年の男子学生はこう書いてきた。

「どこの会社に入社しようが、結局は管理される。そして、その会社が大きければ大きいほど、管理化は進む。生活さえも束縛されていく。僕の頭の中では、前から、会社というものには入りたくないなという気持はあったのだが、講義を聞いて、ますますその気持は強くなった。

それでは、大学を出たらどうしようかということになるが、入社するのがいやだったらボランティアでもと思っても、とてもそんなタイプではないし、大学に残って、世俗から離れた研究をだらだらとしたくもない。百姓や漁師になるのもいいが、先行き不安と聞いている。残るはフリーター、もしくは浮浪者かと思うようになってきた」

また、教育学部3年の男子学生は、

「私は今まで『良い会社』と、ネームバリューがある会社とを同じもののように認識していた。松下もトヨタも日立も、私は良い会社であろうと考えていた。しかし、それは間違いで、それらの会社は、会社のためなら社員を無視してしまうような会社であることを知り、かなり驚いた」

とショックを隠さない。もちろん、ネームバリューのある大きな会社がひどくて、中小の会社がいいわけではない。大きな会社でさえ、ひどいということである。

こうした学生たちは、日立製作所や富士通の30代の社員が、ある週刊誌でこう言っていることを知れば、さらに驚くだろう。

日立の場合、けっこう部課長が土曜や日曜も会社に出てくる。家にいても粗大ゴミ扱いされるからだろうが、土曜日の午後4時ごろにひょっこり出て来て、「飲みに行こう」と誘う。それで、部下たちは、それを避けるために3時ごろまでに帰るようにしているという。

富士通の場合も、何の用事もないのに休日に出社して来て、マージャンのメンバーを探している上司がいるとか。

こうした「公式」「非公式」の〝仕事〟によって、日本のサラリーマンは過労死に追い込まれる。物理的、肉体的に破滅するところまで、事態は来ているのである。

大状況が何のクッションもなく小状況を押しつぶす過労死については、次の詩がそれを痛切に語っている。

明けない夜をください
ゆっくり眠るための夜

ごろっと寝ころんで
野球のナイターを見る夜

明けない夜をください
父さんとワープロで遊ぶ夜
父さんのおなかにのって
トトロごっこをする夜

明けない夜をください
おふろの水もれ
バーゲンで買った子どもの服
家計のやりくり……
夫婦の会話をかわす夜
時間を止めて
二人で愛しあう夜

これは、全国過労死を考える家族の会編の『日本は幸福か』(教育史料出版会)に収められた中蔦清美の詩である。現在41歳の彼女は、病院事務長の夫が1990年4月に過労死してから、しばらくして「明けない夜をください」と題したこの詩をつくったという。

## 終身雇用制度はまっ赤なニセモノ

早稲田を出て日動火災へ入り、25歳で亡くなった早川勝利が、母親とかわしたこんな会話もある。

「大企業といっても、俺たちのように真面目に勉強して入った者より、縁故での入社が多いのにはがっかりした。タイムカードもなく、残業は給料締切日前日に自分で書いて提出。しかも1ヵ月30時間まで。あとはいくらやってもサービス残業。土曜日も午前中は仕事。たまの休日も、一人で出社している支店長にときおり呼び出される。会社訪問の説明会とはまったく違うんだ」

母親が慰める意味で、

「どこの会社も同じだよ。あまり無理をしないように。先は長いんだから」

と言うと、彼はこう答えた。

「母さんには分からないよ、俺の気持ちは。いくら一生懸命やっても次にはかならずそれ以上を要求されるんだ。疲れたよ。

損保会社の業界では、日動火災は6位なんだけど、神奈川だけは一番なんだ。東京海上に越されるな。負けるな。これが合い言葉なんだ。とにかく異常だよ、うちの会社は。ハードだよ。母さんには俺の顔見せられないよ。目の下にはくまができてしまっているんだ。疲れたよ。ゆっくり寝たいよ」

2ヵ月余り後には退職すると決めていた矢先の死だけに、家族はあきらめきれない。

中高年だけでなく、素直な若手社員をも襲うようになった過労死。早川のように窮状を訴えた息子に、

「石の上にも3年だよ」

と言ってしまい、過労死されて、いま、悔やんでも悔やみきれないと泣く母親もいる。

しかし、こうした家族、いや、遺族たちが労災を申請しようとすると、会社側は敵意をムキダシにするのである。

同じく過労死した社員の労災申請に協力的だった三井物産のような例は少なく、富士銀行のように冷たい限りの態度をとる例が圧倒的に多い。

1988年に、当時41歳だった夫に過労死された村松季代子が書いている。

「元気で働いているときには、よくやる、できる、任せて安心、と持ち上げ、死後妻が労災申請の要請をすれば、『酒の飲み過ぎが原因だろう』と個人の責任へ転嫁し、『過労死になるほどの仕事をさせてはいない』と申請書類への捺印も拒否。しかも、夫が死んで入った保険金で、会社は丸儲けです。悔しさで五臓六腑が張り裂けそうです。

夫たちよ、あなたが死んで泣くのは、会社ではなく、家族であることを肝に銘じてください。会社はあなた一人死んでも、痛くも痒くもないのです。それどころか、適当な時期に死んでもらったほうが、退職金は少なくてすみ、保険金はおつりがくるほど入るのです。日本の終身雇用制度はまっ赤なニセモノです。自分のため、家族のため、どうか、働き方を見直してください」

## 「奴隷的に存在する安逸さ」

やはり、夫に過労死された八木光恵の手記『さよならも言わないで』(双葉社)も涙なくしては読めない。

父親を亡くした娘の寧子は、テレビの取材にこう答えたという。

「一生懸命勉強して社会に出て働くようになっても、お父さんのように死ぬまで働かされるのかなって思うとすごく不安になる」

1987年に43歳で亡くなったこの父親、八木俊亜は日記にこんなことを書き残していた。

「人はただ奴隷的に存在する安逸さになれてしまう。人間の奴隷的存在について考えてみよう。かつての奴隷たちは奴隷船につながれて新大陸へと運ばれた。超満員の通勤電車のほうがもっと非人間的でないのか。現代の無数のサラリーマンたちは、あらゆる意味で奴隷的である。金にかわれている。時間で縛られている。上司に逆らえない。賃金もだいたい一方的に決められる。ほとんどわずかの金しかもらえない。それに欲望すらも広告によってコントロールされている。肉体労働の奴隷たちはそれでも家族と食事をする時間がもてたはずなのに」

この〝遺書〟は『タイム』にもとりあげられ、ABC放送でも流された。さらに、1991年8月29日にジュネーブで開かれた国連人権問題委員会の場でも読み上げられたという。

労働省はいまだに、「過労死なんてない」という態度をとりつづけているが、日本の、とりわけ役所と企業が最も鈍感だということだろう。

頭隠して尻隠さずのその状態を、たとえば中国からの留学生が簡単に見抜く。『アジアの友』という雑誌に「サラリーマン　その悲しき人々」と題して、こんな声が載っているのである。

〈日本の会社は新入社員を教育するため研修を行います。私はそれをテレビで見ました。新入社員は靖国神社に連れて行かれて、行進させられ、大声で、

「おはようございます」

「いらっしゃいませ」

と、あいさつの練習をさせられていました。まるで軍隊です。

また私は日本へ来る前に残業のことも聞きました。日本へ来てからいくつかの会社でアルバイトをしました。いろいろな人たちを観察しました。日本のサラリーマンは仕事がなくても残業します。みんなは、課長が帰るまで帰れず、課長は部長が帰るまで帰りません。一人一人は違う仕事をしていますし、人間は、顔も手の長さも違うのだから、仕事の能率だって当然違い

ます。同時に終わるわけがありません。早く帰りたい人も、ほかの人の目がこわくて帰りたいと言えません。残業するもう一つの理由は、給料が安いからだと思います。日本は経済大国といっても、普通のサラリーマンの給料は、ちょうど生活ができる程度です。特別なことがあってお金が必要になったら、残業しなければなりません。

私は、日本に来たばかりのころ、珍しかったので、よくパチンコ屋に行きました。私は自分でパチンコをしないで、ずっと彼らを観察しました。パチンコ屋のサラリーマンは、若い人も社長さんのような立派な人もみんな冷たい顔をしていました。顔に表情がありません。彼らは心が重い感じでした。

心が重いと酔っ払いやすくなります。これは医学的に証明されているから本当です。だから日本のサラリーマンはすぐ酔っ払うのです。夜はいつも酔っ払った人を見かけます。ストレスをお酒で解消するのはかしこくない方法です。楽しい時のお酒は酔っ払いません。結婚式の時、花婿さんはたくさんお酒を飲んでも上手にあいさつします。

日中の留学生たちの生活はたいへんですが、サラリーマンの生活もあまり楽ではありません〉

## 宗教より強烈な〝企業教〟の恐ろしさ

日本には宗教がないとか、日本人は宗教心が薄いとかいわれるが、それは皮相な観察で、どんな宗教よりも強烈な企業教、あるいは会社教がある。トヨタ教であり、マツシタ教であり、ヒタチ教である。スミトモ（銀行）教、ノムラ（証券）教を含めて、こうした〝宗教〟は一貫した社員教育によって、その信仰の度合いを強められる。

これは〝洗脳〟といってもいいもので、とりわけ、日立や松下は、前記の「みそぎ研修」などに社員を参加させて、彼らの批判精神を奪っていく。

つまりは、会社のためには何でもやる人間をつくるわけで、自分で判断することを停止した、いや、自分というものをなくした日立の社員が、ＩＢＭ産業スパイ事件を惹き起こすのは、ある意味で当然だった。

社会的には非難される行為でも、「会社のため」には、それをやる。そこに、日本の企業教の恐ろしさがある。社会人として、もしくは職業人として、それを拒否することが許されない雰囲気があるという点でも、日本の会社は宗教団体に近いのである。

先日、東京駅で新幹線に乗った時、異様な光景に出っくわした。もちろん、知ってはいたし、前にも遭遇したことがあるが、まだこんなことをやっているんだなあと、夏なのに冷汗が背中を流れた。

ホームに50人ほどの背広姿のサラリーマンが並び（中に女子社員もチラホラ）中年の夫婦二人を見送っているのである。多分、転勤ということなのだろうが、発車間際、例によって、見送る側の一人が号令をかけ、バンザイ三唱となった。

ナントカさん、バンザアイ、バンザアイ、バンザアイ……。

ホームは会社ではない。パブリックな場所である。そこでバンザイをすることに違和感をおぼえない。

これが続く限り、日本のサラリーマンはまともさを取り戻すことはできないのではないか。私には、そのバンザイは、「日本のカイシャ、バンザイ」、あるいは、「会社大国ニッポン、バンザイ」と聞こえて仕方がなかった。

（『思想の科学』92・9月号）

日本音楽著作権協会(出)許諾第9251225-201

# 道楽息子に〝追い銭〟の銀行救済策

「盗人に追い銭」というコトバがあるが、今度、政府が決めた銀行救済（不良債権となって金融機関が抱えている不動産を公的資金も加えて買い上げる）は、まさに「道楽息子に追い銭」ともいうべきものだ。

## 〝猿まわし〟銀行の悪質さ

銀行という道楽息子が、儲（もう）かるからといって、土地を担保に見境もなくカネを貸し、そのカネが地価や株価を暴騰させてバブル経済を出現させた。

ノンバンクをその犯人に仕立てたこともあったが、ノンバンクは銀行からカネを借りて融資しているのであり、主体性はもっていない。ノンバンクは、いわば、猿まわし役の銀行に操られている猿のようなもので、猿自身が悪さをしたとしても、犯人とはいえない。

いま、佐川急便スキャンダルが火を噴いている。たしかに、東京佐川急便の元社長、渡辺広康の悪さは論外だが、先日、ある週刊誌が、

「つぶれそうな会社の債務保証を東京佐川がしたのはひどいとは思いませんか」

とコメントを求めてきたので、

「ちょっと待て」

と言った。

渡辺広康らのひどさを否定はしないが、しかし、その債務保証によってカネを出したのは東京佐川ではない。それが土地や株に流れることを知っていながら融資したのは銀行である。

とすれば、ここでも猿まわしと猿の関係が成り立つだろう。この場合の猿に当たる渡辺らは、ノンバンクよりずっと悪質だが、それでもやはり〝猿〟であり、〝猿まわし〟である銀行の悪質さは、それよりずっと大きい。

さんざん悪さをして、ニッチもサッチもいかなくなったから助けてくれというのは、最もタチの悪い道楽息子である。

おそらく、政府・大蔵省という無責任で過保護な親は、道楽息子でも死なれたら困るからなどといって、遮二無二（しゃにむに）助けようとするのだろうが、道楽息子なら、いなくなって周囲が救われる場合もある。

また、バカは死ななきゃ何とやらで、行くところまで行かなければ、道楽息子は分からないのである。

## 「国立」ならぬ「税立銀行」の誕生

銀行はこれまで、郵便貯金を目の敵にし、官業である郵便貯金が民業である銀行を圧迫するなどと言ってきた。

しかし、もし公的資金、つまり税金によって銀行が救済されるとしたら、そんなことは言えなくなるだろう。その瞬間に自分たちも民業ではなくなるのである。

そう決まったら、私は銀行を、たとえば第一勧業銀行は「国立」ならぬ「税立」第一勧銀、あるいは、さくら銀行は税立さくら銀行と呼ぼうと思っている。

そうでなくても、銀行はこれまで、利子も自由競争でなく、店舗などについても、大蔵省の細かな指導を受けてきたのだから自由な資本主義下の企業とはいえなかった。そのうえ、経営の自己責任を放棄して、公の援助を仰ぐなら、まさにこれは社会主義下の企業である。社会主義はソ連東欧において崩壊したといわれるが、経済大国の日本において、「税立銀行」という形で〝復活〟することになる。

ところで、飯干晃一の『暴力団の兵士たち』(光文社文庫)という小説を読んでいて、思わずニヤリとする個所があった。

賭場に来てカネを借りようとする暴力団員に、盆を開いていた別の組の暴力団員がこう言うのである。

「誰が信用のないもんにカネを貸すか、そんなことは銀行といっしょじゃ。銀行が不見転(みずてん)にどこの馬の骨かわからん者にカネを貸すか」

言われたほうが、

「どこの馬の骨かわからん？　それはわしらのことかい」

と怒声をあげると、盆屋は、

「わかりやすいように、銀行の話をしたったんじゃ。おまえ、銀行から融資を受けたことはないんかい。この貸出の審査にかけては、盆屋も銀行も同じことじゃ」

と突き放して、いさかいが始まる。

これを、『西の住友、東の富士』をはじめ、不正融資が次々と明るみに出た各銀行のトップはどう読むのか。

しかし、こんな皮肉もむなしくなるほど、銀行は厚顔である。

自分のやったことに責任をとる、などという感覚のまったくないところが、道楽息子の道楽息子たるゆえんなのだろう。

## 永野日経連会長の苦言

何年か前から銀行は経営内容公開の冊子を出している。大多数が不良債権の額も公表しない形だけのものだが、驚くというよりあきれたのは、スキャンダル発覚後に出した各銀行のそれが、スキャンダルについて一言も触れていないことである。

たとえば住友銀行の場合、スキャンダル発覚前の1990年のそれと、発覚後の1991年のそれで変わっているのは、巻頭の写真が、会長の磯田一郎と頭取の巽外夫が並んだものから、巽だけのものになったこと。

同じように、富士銀行のそれは、会長兼頭取だった端田泰三の写真から、現頭取の橋本徹の写真に変わっただけで、ともに巨額の不正融資への言及はまったくない。

そして住銀は、恥ずかしげもなく、次のように「事業精神」を謳う。

〈当行は明治二十八年の創業以来、常に「事業は社会の公器」という見地に立って、銀行の担う社会的使命を全うすることに最大限の努力を払ってきております。この九十有余年にわたる事業展開の歴史の中に一貫して流れているのは「信用を重んじ堅実を旨とし、進取を尊ぶ」という伝統的な事業精神であります〉

これだと、住銀は「堅実経営」に徹してイトマン事件を引き起こしたことになる。

とにかく、経営内容公開の名に値することをやる気がないのは、不良債権をほとんどの銀行が公表しようとしないことでも明らかだろう。

この期に及んでも経営内容を公開しようとしないので、さすがに日経連会長の永野健までが9月2日の記者会見で、こう苦言を呈した。

「公的資金で助けてもらおうというのなら、賃金など経営情報をきちんと公開してもらわなければ、世間は納得しない。バンカーは特殊なプライドをお持ちのようだが、そうした特殊なプライドが許される状況ではない。公的な援助を受けようというのなら、もっと経営内容をオープンで透明なものにしなければならない」

しかし、メーカーの経営者の立場からのこうした常識的な発言が、甘ったれた道楽息子と同じ銀行の経営者の頭に入っていくかどうか。不良債権をめぐる次のような論議をトレースしても、それはまったく疑わしい。

ニューヨーク証券取引所に上場している三菱銀行だけが不良債権を公表しているが、他の都市銀行は、

「不良債権といっても、各行の間で、その定義が統一されていない」

「当行は出してもいいが、不良債権の多いところは困るのではないか」

などと拒否の理由をならべ、ある銀行に至っては、

「もし、公表して信用不安が起きたら、だれが責任を取るのか」

と居直った。

開いた口がふさがらないとはこのことだろう。公表したら信用不安が起こるような多額の不良債権を抱えている銀行が、存続していることこそがおかしいのである。まして、その不良債権は誰が発生させたのでもない、自分たちが発生させたのである。こんな発言を平気でするほどに銀行の経営者のアタマは狂っている。

## エリートの定義は〝無責任〟

その象徴が日本興業銀行頭取の黒澤洋で、私は黒澤について『エコノミスト』の92年の4月

21日号のコラムにこう書いた。

〈日本興業銀行頭取の黒澤洋が、夫婦で（大阪の料亭の女将）尾上縫の店に行ったのは、自分の眼に自信がなかったからで「女の眼ならわかるかな」と思ったためだ、と国会で証言した時、私は、

「だったら、奥さんに頭取になってもらったらいいだろう」

と皮肉った。

その黒澤が『経済界』なるいかがわしい雑誌のインタビューで、オフレコとしてしゃべったことが問題になっている。

『フライデー』の4月17日号によれば、「（他行が尾上被告に騙（だま）されなかったのは）自分で卑怯なことをやっていたから」という発言の「真意」を聞くと、黒澤はなぜか顔を手でおおい、あわてた素振りで、

「（あれは）新聞記事を説明しただけ……他行批判はしていない。被害者は当行ですよ」

と繰り返したという。これについて、問題は三つある。

まず、『経済界』というイワクつきの雑誌に軽々しく出たこと。

二番目に、いまだに「被害者」だと言っていること。銀行は信用調査のプロだろう。プロが「騙された」という被害者意識を振り回すのは、自分たちはプロではないと言っているに等しい。

「自分の眼に自信がなかったから」という頭取失格発言と併せて、黒澤にはまったく「反省」

の色がないようである。

三番目に、大和銀行が尾上縫から何度も「頭取に会わせろ」と言われながら、それを断ったのも、黒澤は「自分で卑怯なことをやっていたから」と強弁するのか、ということである。

エリートの定義を、私は「責任を感じないこと」、あるいは「責任を感ずる痛覚をもっていないこと」としている。この意味でなら、黒澤はまさにエリートだが、興銀はなおも、この無責任の象徴を頭取として戴きつづけるのだろうか〉

責任感覚をどこかに置き忘れたエリートは黒澤に限らない。ほとんどの銀行の経営者がそうである。

自分たちではどうしようもないから助けて下さいというのは、いわば、倒産した会社が債権タナ上げの会社更生法を申請しているようなものである。

その場合、取締役は全員辞任することになるが、公的資金まで出してくれという銀行に、果してその覚悟はあるのか。

私は、百歩ならぬ千歩、いや万歩譲って、どうしても助けてほしいというのなら、その最低の条件は、頭取をはじめ全役員の辞任だと思う。

それもせずに、助けよというのは盗人（ぬすっと）猛々しいというか、道楽息子の甘えもひどすぎるといわなければならない。

## 「血税でバブルの穴埋め」に絶叫！

いまから65年前の昭和初年の金融恐慌の際、当時の大商社、鈴木商店とそれに深いかかわりをもつ台湾銀行の救済が目的といわれた震災手形処理法案に対して、鐘紡の社長だった衆議院議員の武藤山治は次のように痛烈に批判した。

「本案は、われわれ実業家からみれば極めて簡単明瞭なものであります。一口に申し上げますれば、正直な者は損をして横着な者は助かるという案であります。さらに言葉を換えて申し上げますれば、わが国には政商という一つの部族があって銭が儲かる時分には自分の懐にいれて、損をする時には政治家と結託して、国民の膏血から成る所の国家の金をもって救済を受ける所の国である、ということを示す案であります」

この武藤の「政商」批判は、まさに現代の銀行批判にそのまま通ずるといわれて、銀行の経営者は反論できるか。

武藤の質問に蔵相の片岡直温はムッとして、

「しばしば政商云々の御言葉が発せられましたが、私は政商などと云う者を相手にした経験は頓とありませぬ。そう云う者を相手にする必要はありませぬ。それ故に、私の眼中には政商などと云う者は一向にありませぬ」

と反駁したが、武藤は引き下がらない。

「(1億円の公債のために支払う)利子は100万円か、200万円であろうが、政商を救済するために、国家が好んで之を損失せねばならぬ必要は何処にあるか。また、過去において、政商が金を貸して、それが無事に戻ったことがあるか」

もっともな追及だろう。いろいろと条件や事情の違いがあるとはいえ、無責任極まりない銀行を救済するために「国家が好んで之を損失せねばならぬ必要は何処に」もない。

同じく衆議院議員の吉植庄一郎は「多大の国民の疑いを風呂敷に包んだままで衆議院を通しても、まだ貴族院がある。言論機関がある。天下の輿論は必ずや翕然として吾々と共に此法案に反対すると思うのであります」と絶叫したが、まったくもっておかしい道楽息子の銀行救済策に「天下の輿論」が果して起こるか。いささか絶望的になって私もここに絶叫する。

(『サンデー毎日』92・9・20号)

# 大蔵省解体論

## 大蔵省は〝恐竜〟か〝ヤブ医者〟か

大蔵省を恐竜と評したのは大前研一らしい。多くの点で大前と意見を異にする私だが、「大きいばかりで役に立たない」恐竜に大蔵省をたとえるのには賛成する。

証券スキャンダルでは、私は「大蔵省ヤブ医者」説を唱えた。手術が必要なのに〝患者〟の証券界にモルヒネを射つようなことをしたからである。

巨大さは、業界の保護と監督など、相反する業務を一手に抱えこんで放さないところから来ている。

たとえば、イギリスの『エコノミスト』誌の記者、クリストファー・ウッドはその著『バブル・エコノミー』（植山周一郎訳、共同通信社）で、こう指摘する。

「アメリカではいくつかの連邦機関にゆだねられている業務を、大蔵省は一手に扱っている。まず国家予算の編成。これはアメリカでは財務省が行っている。次に税の徴収（内国歳入庁）。さらに金融機関の管理、監視。アメリカの場合、証券会社は証券取引委員会（SEC）が、銀行は会計検査院と連邦預金保険公社、保険会社については連邦取引規制委員会が担当している。大蔵省のように何もかも押し込めるのは、一つの機関にあまり多くを求め過ぎている。現在の大蔵省の各局、例えば主税局、主計局、証券局、銀行局を独立した機関にするのが賢明な改革だろう。その目的は、銀行局や証券局が抱いている、自分たちは金融サービス提供者の利益保護者だという意識をそぐことにある。このような大蔵省の姿勢は伝統的なもので、多くの大蔵官僚が、在職中は規制する側にあった企業に天下りをねらう事実と、決して無関係ではない。だが、大蔵省とは本来、金融のサービスを受ける側、つまり消費者や投資家を守るのがその職務ではないだろうか」

証券スキャンダルの際は、証券会社のディーラー業務とアンダーライター業務、あるいはブローカー業務などとの利益相反が問題になった。

それは大蔵省にもあるように思うが、大蔵官僚は〝神の如き手〟によってコントロールしているのだろうか。

とすれば、ヤブ医者が自らはヤブと思っていないのと同じことになる。

## 与党政調会長に抵抗できぬ〝小役人〟

大蔵省解体論は、これまでにもしばしば出てきた。とりわけ、その予算編成権を大蔵省から奪おうとする動きが政治家の側から起こった。やはり、田中角栄の時代に最も強く、高く、いわれたのではないか。

5、6年前にもこんなことがあった。

当時、自民党の政調会長だった藤尾正行が「大蔵官僚は準禁治産者である」と頭ごなしに怒鳴りつけて、大蔵官僚の自民党本部の政調会長室への入室を禁止したのである。

原因は、国会で補助金一括削減法案の審議が難航し、1985年度予算の成立より遅れたことにあった。同法案は、公共事業についても10パーセント強の削減を行うことを含んでおり、遅れたために、例年は予算成立とともに始まる公共事業の内示がストップした。

これについて、自民党側は、衆議院通過の時点で、大蔵省に「柔軟な対応」を要求したが、大蔵省側は、「法律が成立してから内示をし、工事契約を行う」と筋論を展開して押し返したのである。

しかし、藤尾は何度かにわたって、大蔵省の次官、主計局長、そして官房長を呼びつけ、「小役人は小理屈を言うな。政治家の言う通りにしろ。責任は政治家が持つ」と怒鳴りつけて、遂に了承させた。

最終的には了承させたのに、この時の「抵抗」を怒って藤尾は一方的に政調会長室への大蔵官僚の入室を禁止したのである。

これに困った大蔵省は、幹部が何度か、〝国交回復〟を頼んだが、聞き入れてもらえない。最後には文書で「わび」を入れると申し出て、「その必要はない」とやっと入室禁止を解かれた。

与党の政調会長にこれほどまでにコンタクトをとらなければ、大蔵官僚はやっていけないのか。

もちろん、地域を後ろに背負う政治家のエゴに抵抗を試みた大蔵官僚もいないわけではない。

## 抑えられた田谷主計官の「反逆」

１９８７年暮れの、予算編成をめぐる記者団への事前説明の中で主計官の田谷廣明はこう直言した。

「航空機の時代がきていたのに、日本の海軍は大艦巨砲主義に固執して戦艦『大和』や『武蔵』をつくった。整備新幹線も完成までに十～二十年はかかる。できた時には時代遅れになっているだろう」

「大蔵省には『昭和の三大バカ査定』といわれているのがある。①が『戦艦大和や武蔵』。②が昭和三十年代の伊勢湾・鍋田の干拓事業。③が青函トンネル。もし整備新幹線の昭和六十三年度予算を認めたら、③と建設費の桁が違うから、それと入れかわって『三大バカ査定』の中に入ってしまう。だから一円たりとも認めない」

「（整備新幹線推進派の自民党議員たちは）『建設費も維持費も国（大蔵省）に出せ』といい、その上に『固定資産税も免除せよ』といっているが、それではまるで『オンブにダッコにオシッコ』だ」

栗林良光の『大蔵省主計局』（講談社文庫）によれば、この田谷発言に、新幹線促進派の元文相、森喜朗はカンカンになった。同じ自民党の代議士でも、渡部恒三のように、

「直言する骨太の主計官がいる。やはり大蔵省の官僚は大したものだ」

と感心する者もいたが、それは少数で、森の怒りが多数の声だった。

森は当時の蔵相、宮沢喜一に、

「主計官の分際で、大蔵原案内示前にあんなことをいうとはケシカラン」

と強硬に申し入れた。

それで宮沢や主計局長の西垣昭が田谷に注意をし、田谷は沈黙したのである。

大蔵官僚の〝反逆〟としては、経済企画庁官房長に出向していた岩尾一のそれも挙げられる。

1968年秋のことだが、岩尾は、食管赤字が膨大になっているのにいつまでも高値でコメを買いつづけるのはおかしいと主張し、当時の自民党米価調査会長、田中角栄をはじめとするコメ議員を刺激した。そして、遂に党本部の会議室に呼び出されたが、その席でも岩尾は「米価引き下げ論」をブチ、

「小役人の分際で何を言うか、帰れッ」

と罵声を浴びせられ、灰皿まで投げつけられた。

ただ、こうした話は〝秘話〟的にしか伝わってこない。伝わってきても田谷発言のようにすぐ抑えられてしまう。

また岩尾の例がいまも語られるということは、「抵抗」する大蔵官僚が極めて少ないということでもあるだろう。

自分たちだけが正しいという独善のカラに閉じこもらず、マスコミを通してでも、国民の前にその「対立」を訴えるという視点が大蔵官僚にはない。

## 〝保護育成〟と〝監督〟は分けるべし

飯干晃一の小説『病める頭脳』に、ある主計官が主計局長にこう語る場面が出てくる。

「局長、次の首相が誰であろうとも、もうこれからは保守党政調会ごときに予算案にクチバシを入れさせてはなりませんよ。やつらは党利党略に走り、自分のフトコロを肥やすために予算案をでっちあげるんです。何だあいつらの赤字国債は。このままでは日本の財政は破産です。ばかな国民どものご機嫌ばかりをとりやがって。やつらは何もわかっちゃいないんです。局長、大蔵省は日本の将来を憂うるエリート集団です。どうして、それなのにわれわれは田舎代議士にへこへこしなければならんのですか」

自民党の代議士が「党利党略」で来る時、あるいは、「党利」までもいかない「個利個略」で来る時、大蔵官僚が「省利省略」で対抗しては、「ばかでない国民」の理解を得ることはできないだろう。

今度の金融機関救済策がまさにその典型である。銀行だけをなぜ助けるのか。大体、どのくらい困っているかも明らかにせずに「助ける」とはどういうことか。

銀行のディスクロージャー（経営内容公開）を妨げたのは大蔵省だともいわれる。そこにも大蔵官僚の秘密主義、思い上がりが感じられる。「ばかな国民」以上に「ばかな銀行」を監督できなかった自分たちの責任はどこに棚上げしたのか。

証券スキャンダルについても、NTT株で〝株価操作〟をした自分たちの罪はウヤムヤにし、証券会社だけを取り締まろうとする。これでは「ばかな国民」でさえ納得できないだろう。

銀行や証券のように、「天下り」のためかどうか、保護育成も監督も大蔵省がやるというのは、どう考えてもおかしい。

まず、それを分けること。大蔵省の解体はそこから始めなければならない。自らの責任をあいまいにして証券監視委員会を管轄下におき、火事場泥棒のように、証券スキャンダルで焼け太りした大蔵官僚に何か言ってもムダという気がしないではないが、大蔵官僚たちはもっと「ばかな国民」と接して、自らのアタマに社会の風を入れてほしい。カビ臭くなったアタマを虫干ししてほしい。

そうでなければ、大蔵省有害論が起こり、ヘンな形で解体されてしまうだろう。

証券スキャンダルや銀行スキャンダルへの対応策を、本当にこれでいいと思っているのかどうか。

「解体」は自らの手でやるのが一番であり、事態はそこまで来ていると思うが、おそらくどころか、確実にムリだろう。

(『正論』92・11月号)

## 銀行だけがなぜ救われる⁉

### 「あさひ」は独善と無責任の象徴

92年9月21日、大手各紙に「あさひ銀行」のカラー1ページ広告が載った。タレントは緒形拳に鷲尾いさ子、そして中山美穂の3人である。

「おはようございます。

あさひ銀行のはじまりです」

3人が同じ方向を見つめる写真の左肩に大きくこう書いてあり、その下に、次のような「あいさつ」が載っている。

「平成4年9月21日、きょうから私たちは、《あさひ銀行》として新しいスタートをきりました。あからはじまる《あさひ銀行》、Aからはじまる《ASAHI BANK》。あたたかく、さわやかに、ひとにやさしく、この合言葉を心において、人と夢を結びます。一人ひとりにあわせた、お役に立つサービスや価値ある情報をおとどけし、心も新たに信頼のリテールトップバンクをめざします。《あさひ銀行》を、これからもどうぞよろしくお願いいたします」

協和埼玉銀行から「あさひ銀行」への行名変更にかかる費用はおよそ30億円だという。

協和銀行と埼玉銀行が合併したのは、両銀行の都合である。それを「あさひ」に変えるのも、銀行側の都合である。預金者が合併してくれと頼んだわけでも行名を変更してくれと頼んだわけでもない。

それなのに、いま、銀行救済が大問題になっている時に、30億円もかけて行名を変更し、こんな能天気な、あるいは、シラジラしいあいさつを掲げる。

ある意味で、ここに、銀行の独善と無責任が象徴的に出ている。何よりも、頭取をはじめとする経営者の無感覚である。

いうまでもなく、旧協和埼玉銀行は協和銀行と埼玉銀行が合併したものだが、合併直前の1989年夏、埼玉銀行をめぐる300億円恐喝事件が発覚した。

「蛇の目ミシン株買占め事件」の解決のために埼玉銀行から送り込まれていた同社副社長の斎藤洋が、仕手集団「光進」の代表、小谷光浩から300億円融資してくれという要請を受けた。〃要請〃といっても、斎藤が断ったら、「大阪から二人ヒットマンが来てるんですよ」と言ったというのだから、恐喝である。

驚いた斎藤は古巣の埼玉銀行に駆け込み、当時の会長兼頭取、伊地知重威や副頭取の増野武夫(のちに頭取、この事件が発覚して辞任)と相談して、系列のノンバンクを通じて小谷の〃要請〃通りの300億円を融資した。

これを契機に蛇の目ミシンとそのバックの埼銀は小谷に深く食い込まれ、小谷が抱えていた

2000億円近い負債を実質的に背負わされることになる。

誰が考えても奇妙な話で、埼銀は小谷によほどの弱みを握られていたとしか思えない。わずか3年前のこの事件を一般の人はみんな忘れてくれたと、協和埼玉ならぬあさひ銀行のトップは思っているのだろうか。

## "行内事情"を客に押しつけるな

麗々しく、色刷りで各紙を飾った「おはようございます」のあいさつを読んでいると、その中の「ひとにやさしく」とは、「小谷などにやさしく」であり、「人と夢を結びます」は、「小谷らの夢を結びます」ではないか、と皮肉りたくもなってくる。

こう書くと、旧協和の経営陣は喜び、旧埼玉の経営陣を改めて責めるかもしれない。しかし、92年版のいわゆるディスクロージャー冊子で、「合併当初から最重要課題として取り組んできた人的融和につきましても最大の努力を払ってまいりました」と言っているのだから、それはできないだろう。「行内の一体感をより一層醸成するために」あさひ銀行に行名を変えたと言っているのだから、なおさらである。

同行はこの冊子の「ごあいさつ」で、一応こう書いている。

「昨年の当行元行員による不祥事につきましては、皆様方に多大なるご迷惑をおかけいたし、誠に申し訳なく深くお詫び申し上げます。私どもはこれを厳粛に受けとめ、二度とこのような不祥事が起こらぬよう、業務運営全般にわたり管理強化策を実施するとともに、全行員一丸となって信頼の回復に努めているところでございます」

イトマン事件後の住友銀行のように、まったく知らぬ顔を決めこんで、ディスクロージャーに何も書かない銀行も多いのだから、「深くお詫び」しているあさひの態度は、それよりは評価できる。しかし、言葉で「深くお詫び」しても、いまこの時に、行名変更に30億もかけるのでは、行動がそれを裏切っている。謹慎期間はまだ終わっていないのである。

銀行は平気で「行内事情」を預金者に押しつけてくる。先日、こんなことがあった。

私が原稿料等の振込先に指定している銀行の支店が、近くの大きな支店に統合されてなくなった。それで、その銀行は、各振込先にそれを通知するように言ってきたのである。

支店の統合は銀行の都合である。それをどうして簡単にお客にシワ寄せできるのか。私はその支店に電話をかけ、おかしいではないか、と説明を求めた。

あさひ銀行への行名変更あいさつが典型だが、銀行の言葉と行動の乖離は甚だしい。もう銀行など誰も信用していないのだから、歯の浮くような言葉は頼むから言ってくれるな、と懇願したいくらいである。

口ではキレイなことを言っていながら、実際はどんなことをやっているか、あるいは、どんなことをやったか。

『はみ出し銀行マンの勤番日記』（オーエス出版社）で評判を呼んだ「港が見える丘銀行」の横田

濱夫は、続編で「バブルの日々」のことをこう書く。

「それにしても、あの頃の不動産担保のとり方はひどかった。不動産担保をとるときの掛目は普通七〇パーセントでみるんだが、当時はほとんどが時価見合い、つまり掛目一〇〇パーセントでとっていた。それだけじゃなくて、五億円の土地を買うのに六億円だとか七億円だとかのカネを貸し込んでいたんだからな。それも、銀行からお願いしてやってたんだから、もう手に負えねえや。こういった場合は、五億円で購入する売買契約書の金額欄に六億円とか七億円とか書いた紙っ切れを重ねて、それをコピーしていた。そして、そのインチキコピーを稟議書に添付して本部に出せば、もうスイスイその案件が通っちゃってたから楽だった」

## 不動産業界の「一理はある」宣言

9月18日夜、都内のホテルで、「バブル被害百万人国民連合」という看板を掲げた不動産業者の集会が開かれた。

桃源社社長の佐々木吉之助ら「日本経済再建協議会」発起人有志が開いたもので、自分たちも儲けようとして銀行からカネを借りたくせに「よう言うよ」という感じもするが、横田濱夫クンの前記の報告を読めば、「一理はある」ということになるだろう。

有志は趣意書で、こう「連帯」を呼びかける。

〈はじめに　我が国における全金融機関融資残高は推定約五百二十兆円、そのうち不動産業向けの融資残高はノンバンクルートも含めて約九十兆円ともいわれながら、確実な公式統計すら不明であります。

現在の株式市場の不気味な低落、なかんずく銀行株の凋落は、世界恐慌の前夜であり、破局への警鐘でもありながら、政府は打つ手を知りません。

全貌が明らかにされないまま、政府、大蔵省、日銀等、日本政治経済の担い手たちは机上に空論をたたかわせて幻影の対策に憂き身をやつしています〉

高い調子で始まったこの一文は、

「今回の土地、株式等の暴落、青天井から暴落泥沼のサイクルは、日本における金融方式土地政策等がすでに欠陥だらけで、その場しのぎの無気力さと無方向性とに甘んじていることを示します」と続き、「未曾有の負債を背負って苦悶する全国の不動産業関係の方々」に呼びかけられる。

「我々の前途は、このままでは完全に暗夜行路であり、破局は目に見えています。我々の死屍累々で事が済むものではありません。二十一世紀に向け、次世代への継承を考えて適切な妙手が打たれなければなりません」

そして、とりあえず、「債務」「利子」「負債」等をことごとく金融機関に対して凍結させることを提案する。

あるいは、担保となっている土地建物をそのまま代物弁済とし、金融機関と不動産業者が「これ以上傷をひろげあう修羅泥沼を脱却する」道を求める。

つまり、全国一体の壮大なる「徳政」ないしは「一代包括和議」の導入の提案である。

この危急の時、立法府がこのような超法規的国家的救済措置を講ずることによってのみ、「仮死状態にある土地の公共買い上げ、緑を増大する環境公益用地、加速度的に増える老人対策の用地、公共用地転用による社会資本（道路、下水道、公園等）の整備等々さまざまの斬新な起死回生の妙手が可能となる」というのである。

「疲弊した金融機関の救済には今こそ世界に名だたる『護送船団方式』による蘇生力の発揮が必要です」には思わず苦笑してしまうが、「金融機関と不動産業者が傷をひろげあう修羅泥沼」によってのみ、銀行は不良債権を公表せざるをえなくなるだろうと思う私には、「日本経済再建協議会」の次のような具体的提案は興味深い。

## 「債務大公開」の要求は正論

第一が「債務の大公開」である。

「金融機関はその債権と債務の危機的数値を公開せず、仮に公表しても数値を改ざんして大危機の状況を人々に周知せしめず、ひたすら事実を隠蔽して打つ手もなく狼狽している。我々は、逆に債務者サイドが大同連合して、自らの債務を公開して金融機関の危機的状態を一般に認識せしめるべきことを訴える」

不動産業者が「血と汗と不安の中で」経営を行ってきたかどうかは別として、銀行に対するこの「債務大公開」の要求は正論だろう。自らもハダカになるから、銀行もハダカになれ、ということである。しかし、たとえば、あさひ銀行の広報室は、「不良債権の定義がまだないので、発表できない」という。

「もし、いま、公表するとなると、基準がないので、各行バラバラになり、比較もできず、混乱をきたすのではないか。もちろん、独自の判断で公表することはできるが、ある銀行は(不良債権の情報を)出す、あるところは出さないとなれば、銀行の経営体質を問われることになり、ひいては取引先、株主への波及効果も大きいので、(全銀協の)統一基準ができるのを待って公表するのがベターと考えている」

一見、もっともらしい答えだが、ニューヨーク証券取引所に上場している三菱銀行が不良債権を公表している事実を前にすると、この答えはまったく説得力を失う。これだけ、「各行バラバラ」になるのを嫌い横並びで進みたがる銀行が、ニューヨーク証券取引所への上場だけはマネをしない。それは、不良債権の公表はじめ、チェックがきびしいからである。三菱の後を追って、ニューヨーク上場は考えていないかと問うと、あさひは、

「何ともお答えできない。(その予定の)あるなしにかかわらず、インサイダーの問題も関係してきますので」

との、答えにならない答え。

問題を起こした住友銀行、富士銀行、そして日本興業銀行等も同じような答えである。ニューヨーク上場は、予定、計画とも、広報には情報が入っていない、とのこと。

唯一のニューヨーク上場行、三菱はこう語る。「上場したメリットで最大のものは、ディスクロージャーの基準が厳しいアメリカで上場できたことによって、当行がガラス張りの経営をしているという格付けになり、株主への理解にもつながったということです」

## 救済で深まるモラルハザード

先の不動産業者の「徳政」要求は、第二に「契約総打ち切りと不動産代物弁済」という具体的方策を掲げる。すなわち、

「非は資金を貸した側にも借りた側にもあるが、積極的に推進し後を押したのは疑いもなく金融機関なのである。これ以上の損失を相互に拡大する事を止める為、借入契約を打ち切ろうではないか。不動産を担保に資金を借入した人々は、この借入の原因となっている不動産をめぐる借入契約を打ち切り、金融機関に不動産を返却し、債権債務を消去する大運動を展開しよう。さすれば、借受側も元利金払いの地獄から抜け出し、貸した金融機関も取り敢えず増大する不良債権の悪夢から解放されるであろう。この際、金融機関がともかくも抱えるに至る不動産は特別なる立法により、これを諸種なる意味での公共用地に転換すべく、あたかも旧国鉄が清算事業団に資金管理を任せた如く特別の緊急立法を急ぐべきである」

ずいぶんと虫のいい提案だが、銀行がこれを「とんでもない」と一蹴するための大前提は、不良債権の公表である。それをしないで、不動産業者に貸したのは不動産ではなく、あくまでも金銭なのだから、そのまま不動産を受け取れと言われても困る、と主張しても通らない。9月18日のテレビ朝日の「ニュースステーション」で銀行側は「担保は最悪の時の保障にすぎない」と弁解していたが、いまが「最悪の時」でないなら、なぜ、銀行救済の話が持ち上がるのか。ディスクロージャーを嫌う銀行の論理はおよそ支離滅裂である。

ここでは不動産業者の金融機関への〝挑戦状〟だけを取り上げたが、それよりはずっとまともなことをやってきたメーカーなどは、どうして銀行だけを助けるのか、と怒り心頭だろう。デタラメをやった企業は潰れるというのが自由主義の原理である。大蔵省の過保護の護送船団行政は銀行にその初歩的原理も忘れさせてしまった。

銀行が潰れた場合に、預金者を保護するために、預金保険機構がある。現在は日本でも、一人1000万円まで補償ができるようになっているが、しかしこれがあるからということで、銀行の経営者が〝安心〟して勝手なことをやる危険が出てくる。この「モラルハザード」(道徳的危険)は、今度、銀行を助けたらますます深まるだろう。

私は銀行を〝道楽息子〟にたとえているが、どんなことをやっても、親である国民(預金者)が尻ぬぐいをするということになれば、道楽息子はさらにどうしようもなくなることを忘れてはならない。

(月刊『現代』92・11月号)

# あとがき

一九九一年の一年間、『週刊現代』に連載した「今週の異議アリ」は『日本に異議あり』と題して九二年の二月に刊行された。

九二年のそれも同じようにまとめられるはずだったが、七月で突然、連載が打ち切られた。それについて私は『エコノミスト』の八月二十五日号のコラムにこう書いたので、次に引用しておきたい。

内容証明郵便が何通くらい届くと、編集長はびびり始めるのだろうか。というのは、私が『週刊現代』に連載していた「今週の異議アリ」が、突然、打ち切りを通告されたからである。昨年度分をまとめた『日本に異議あり』(講談社)は、四万部ほど売れており、読者がついていなかったわけではない。編集長は〝模様変え〟のためと言っていたが、今年も連載続行と決まった時点で、彼は、「私が編集長でいるかぎり続けて下さい。私の方から中止とは言いませんから」と、逆の話をしていたのである。まさに前言訂正。私は藤原新也が『東京漂流』（新潮文庫）にこう書いているのを思い出した。『フォーカス』という写真週刊誌の連載がスタートするにあたって、藤原は、

「もし、何か、今の世の中でちょっと気のきいたことをやろうと思えば、コマーシャリズムの問題やその他の世の中の禁忌に抵触しかねない状態が起こりうる場合がありますね。そういった場合はいかがなんでしょう」

と尋ねた。すると編集長は、

「藤原さん、その点はすこしもお気になさることはないんですよ。そのようなことはうちはあまり気にしないたちですから」

と答えた。しかしそれが六回目にして〝前言訂正〟のはめになる。サントリーの広告を皮肉った「犬、ヒト食らう」がズタズタに改竄（かいざん）されたあげく、休載となったのである。

私が執筆を頼まれて原稿を書き、内容がきわどくてボツにされたり、訂正を迫られた経験のある雑誌は、『日経ビジネス』『選択』それに『週刊現代』となる。同誌では、最近、日本新党の細川護熙批判を見送ってほしいといわれた。

逆に、結構長い期間の連載で、同じくきびしい原稿を書いているのに、「困ります」というチェックが入らないのは、この『エコノミスト』と『週刊東洋経済』のコラムである。『実業の日本』もコラムを連載していた時、何も言われなかった。

もちろん、何の圧力もないわけではない。後から聞くと、いろいろな〝雑音〟が入ってきたようである。しかし連載中、それを聞かされることはなかった。

『日本に異議あり』がまとめられた時、ある週刊誌の編集者は、筆者の勇気には脱帽するが、これを掲載しつづけた編集長にも感心する、と言った。私もその通りだと思っていたのだが……。

編集長は「圧力」を否定しているが、伊藤淳二名誉会長と永田正夫新社長を批判した鐘紡から、白井章善取締役名で、二度、抗議の手紙が来たことは事実である。

そんな経緯のあった連載を、前著と同じくまとめましょうと言ってくれた講談社学芸図書第二出版部長の高野一洋さんに感謝したい。

「今週の異議アリ」が中断したこともあり、この本には『週刊東洋経済』連載の「会社を見る眼」の何編かが入っている。同誌の大西良雄編集長も硬骨漢で、私は何度励まされたかわからない。

『週刊現代』の連載が中止されるとすぐ、銀行批判を書けと〝強要〟した『サンデー毎日』の吉田俊平さんの脅迫的励ましも、私には本当に嬉しかった。この批判については、作家の小島直記さんから「間然するところがない見事な批判だ」と電話をもらい、勇気づけられた。

その他、この本には『現代』や『正論』に書いたものも含まれているが、前者の中村勝行、後者の稲垣真澄両氏の変わらぬ支援にも厚く感謝したい。

一九九二年十一月五日

佐高　信

**著者略歴**

一九四五年、山形県酒田市生まれ。慶応大学法学部卒業後、郷里の高校で教鞭をとる。『現代ビジョン』編集長を経て、一九八二年、評論家として独立。

主な著書に『日本官僚白書』『会社人類学入門』『KKニッポン就職事情』(ともに講談社文庫)、『逆命利君』『男のうた』『日本に異議あり』(ともに講談社)、『どうする日本人どこへ行く日本人』(徳間書店)、『現代を読む』(岩波新書)、監訳書に『ザ・ハウス・オブ・ノムラ』(新潮社)などがある。

日本は誰のものか

一九九三年一月二〇日　第一刷発行
一九九三年二月一〇日　第二刷発行

**著者**――佐高　信

**装幀・装画**――楠　伸生

©Makoto Sataka 1993, Printed in Japan

**発行者**――野間佐和子　**発行所**――株式会社講談社

東京都文京区音羽二丁目一二―二一　郵便番号一一二―〇一

電話　東京〇三―五三九五―三五二二（出版部）
〇三―五三九五―三六二二（販売部）
〇三―五三九五―三六一五（製作部）

**印刷所**――株式会社廣済堂　**製本所**――黒柳製本株式会社

落丁本・乱丁本は小社書籍製作部あてにお送りください。
送料小社負担にてお取り替えします。
なお、この本についてのお問い合わせは
学芸図書第二出版部あてにお願いいたします。

Ⓡ〈日本複写権センター委託出版物〉
本書の無断複写(コピー)は著作権法上での例外を除き、禁じられています。

**定価はカバーに表示してあります。**

ISBN4-06-206233-X（学二）